V&R

Jürgen Hargens

Aller Anfang ist ein Anfang

Gestaltungsmöglichkeiten hilfreicher
systemischer Gespräche

Mit einem Vorwort von Arist von Schlippe

Mit zwei Abbildungen und drei Tabellen

4. Auflage

Vandenhoeck & Ruprecht

Bibliografische Information der Deutschen Bibliothek

Die Deutsche Bibliothek verzeichnet diese Publikation
in der Deutschen Nationalbibliografie;
detaillierte bibliografische Daten sind im Internet
über ‹http://dnb.ddb.de› abrufbar.

ISBN 978-3-525-46195-2

© 2011, 2008, 2004, Vandenhoeck & Ruprecht GmbH und Co. KG, Göttingen.
Vandenhoeck & Ruprecht LLC, Oakville, CT, U.S.A.
Internet: www.v-r.de
Alle Rechte vorbehalten. Das Werk und seine Teile
sind urheberrechtlich geschützt. Jede Verwertung in anderen
als den gesetzlich zugelassenen Fällen bedarf
der vorherigen schriftlichen Einwilligung des Verlages.
Hinweis zu § 52a UrhG: Weder das Werk noch seine Teile
dürfen ohne vorherige schriftliche Einwilligung des Verlages
öffentlich zugänglich gemacht werden. Dies gilt auch
bei einer entsprechenden Nutzung für Lehr- und Unterrichtszwecke.
Printed in Germany.
Druck und Bindung: ⊕ Hubert & Co, Göttingen

Gedruckt auf alterungsbeständigem Papier.

Inhalt

Vorwort 7

Über dieses Buch 10
   Dank 13

Psychotherapie als Redekur 14
   ... und was wirkt? 16

Reflektierende Positionen 20
   »Du hast recht aus deiner Sicht, ich hab' recht
   aus meiner Sicht« 20
   Es braucht mehr als einen, um 24
   Sprache 27
   Dialoge und Dialoge und Dialoge und 32
   Alles fängt mit einem Anfang an 36
   Rahmen 38
   Eröffnungsfragen 41
      Beispiele 42
   »Soziale Wirklichkeiten« 44
   Gender-Fragen 47
   Mit reflektierenden Positionen spielen 48

Ziele und was sonst noch dazugehören könnte 58
   Zwei Ebenen 59
   »Warum« und »wozu«? 62
   Zeiten 64

Wenn ich noch nicht weiß, mach' ich mir
so meine Gedanken 67
   Erwartungen und Folgen 67
   Ein Beispiel 69
   Kooperieren begünstigen 73
   Die eigene Praxis 74
   Die Allgemeinarzt-Praxis 80
   Ein Wort zur Sprache 80
   Bewährungshilfe 82
   Unterschiede und/oder Gemeinsamkeiten 84

Das Anmeldegespräch 86
   Zum Hintergrund 89

Und dann kommen Kundinnen und Kunden 101
   Das Erstinterview 101
   Begrifflichkeiten oder: Worte schaffen Wirklichkeiten ... 103
   Beobachten 105
   Joining 107
   Ziele finden 108
   Was ist mit den Formalitäten? 110
   Wie geht's dann weiter? 111
   Drei Beispiele 117
      Beispiel 1 117
      Beispiel 2 124
      Beispiel 3 132

Zum Abschluss 140

Anhang
Kundin, Kundige, Kundschafter/in
Gedanken zur Grundlegung eines »helfenden« Zugangs 142

Literatur 154

Vorwort

Liebe Leserin, lieber Leser,

der Titel des vor Ihnen liegenden Buchs ist eigentlich eine Untertreibung. Ich meine, man könnte das Buch durchaus als grundlegendes Lehrbuch bezeichnen! Da, wo das vor Jahren von Jochen Schweitzer und mir veröffentlichte Lehrbuch[1] versucht hat, die systemische Therapie in großen Linien zu charakterisieren, setzt dieser Band von Jürgen Hargens an und lädt nun zu einem »Mikroskopierkurs« ein: Es wird möglich, ihm genauestens über die Schulter zu schauen und sich sehr lebendig vorzustellen, wie es bei ihm im Therapieraum zugeht. Dabei kann man nicht nur seine Interventionen genauestens studieren, sondern durch seine Kommentare diese anschließend auch verstehen, sinnvoll einordnen und sie sich so umso leichter zu eigen machen. Ich kenne nur wenige Bücher, in denen man als Leserin und Leser so sorgfältig an die Hand genommen und geführt wird, bei gleichzeitig großer Freiheit, sich das auszusuchen, was für eine/n selbst passt. Denn natürlich gilt auch für dieses Buch, was Jürgen Hargens immer wieder für die Arbeit mit Kundinnen und Kunden betont: Das »Nein« ist grundlegend! Um etwas Neues aufnehmen und sich zu eigen zu machen, braucht es die Freiheit, dieses auch ablehnen zu können. Statt Therapie spricht Jürgen Hargens lieber von »Arbeit« und von »hilfreichen Gesprächen«. Ist auch das eine Untertreibung, »norddeutsches Understatement« sozusagen? Ich glaube nicht. Vielmehr sehe ich in der Arbeit von Jürgen Hargens eine

---

1 von Schlippe, A.; Schweitzer, J. (1996): Lehrbuch der systemischen Therapie und Beratung. Göttingen, 9. Aufl. 2003.

Richtung, die nicht nur dieses, sondern viele seiner Bücher auszeichnet. Ich würde sagen, es geht ihm darum, therapeutische Prozesse zu entmystifizieren und immer wieder zu zeigen, dass es möglich ist, hochprofessionell zu arbeiten, ohne diese Arbeit durch komplizierte Begriffe aufzuwerten und nicht selten gleichzeitig zu verschleiern. Denn – und das ist sicher eine der zentralen Botschaften des Buches – unsere Wirklichkeit wird ganz entscheidend davon bestimmt, mit welchen Worten wir sie beschreiben. Der im Buch zitierte Begriff der »Sprachlinsen« hat mir hier gut gefallen: Wir sehen auf die Welt durch die »Linse«, die uns die Sprache anbietet. Diese Erkenntnis hat eine enorme Bedeutung für das therapeutische Arbeiten, denn wir müssen lernen, dass wir den ratsuchenden Menschen, mit denen wir zu tun haben, mit unseren Beschreibungen solche Linsen anbieten und dass wir verantwortlich sind dafür, welcher Art diese Linsen sind.

Wenn wir bei einem Mädchen, das wegen Magersucht vorgestellt wird, etwa die Eltern fragen: »Seit wann hat sie diese Krankheit?«, so ist mit dieser Frage implizit ein Angebot verbunden, die Wirklichkeit zu sehen, vielleicht so: Die Entscheidung eines jungen Mädchens, nicht zu essen, sei analog zu körperlichem Geschehen als »Krankheit« zu beschreiben, also mit medizinischen Metaphern zu erfassen, und nicht es selbst, sondern die Eltern seien die bessere Auskunftsquelle für ein Gespräch darüber. Implizit steckt auch die Idee in dieser »Linse«, dass es letztlich darum gehe, wieder gesund oder von einem Heilkundigen geheilt zu werden, vielleicht mit Medikamenten oder Ähnlichem. Dieses Paket von impliziten Wirklichkeitsbeschreibungen akzeptieren die Eltern, wenn sie auf diese »harmlose« Informationsfrage antworten (etwa mit: »Seit zwei Jahren!«). Wie ein Güterzug hat die Frage die impliziten Bedeutungsangebote hinter sich hergezogen. Aber wir können auch anders fragen – und wer dieses Buch gelesen haben wird, wird anders fragen, etwa so: »Wer hat gesagt, dass das, was Ihnen Sorgen macht, eine Magersucht ist?«, und damit implizit davon ausgehen, dass »Magersucht« etwas ist, das von jemandem benannt wird und erst in der Benennung zur Wirklichkeit wird. Noch eine ganz andere Linse bietet die Frage: »Gesetzt den Fall, das Verhalten Ihrer Tochter wäre eine Art von Hungerstreik – was würden Sie denken, ist es eher ein Streik für etwas oder gegen etwas, und was könnte das sein?«

Jede dieser kurz skizzierten Interventionen ist ein Beitrag, mit dem die Richtung des Gesprächs beeinflusst wird. Beschreibungen verändern das Beschriebene! Beschreibungen greifen in das Beschriebene ein. Worte sind nicht unschuldig, sondern Wörter sind unsere Wirklichkeit! Das ist in meinen Augen die zentrale Botschaft dieses Buches, ähnlich wie es Wittgenstein einmal sagte: »Alles, was wir überhaupt beschreiben können, könnte auch anders sein.« Und wenn alles auch anders beschrieben werden kann, dann geht es in der Therapie, pardon, in den hilfreichen Gesprächen, genau darum: sorgfältig mit Sprache umzugehen, zu helfen, dass das, was von Menschen in Not als unveränderbar beschrieben wird, wieder weich werden kann, lebendig und veränderbar. Alan Lightman[2] schrieb in einer seiner brillanten Geschichten über die Zeit: »Was ist die Vergangenheit? Könnte es sein, daß die Unverrückbarkeit der Vergangenheit nur eine Täuschung ist? Könnte es sein, daß die Vergangenheit ein Kaleidoskop ist, ein Bildermuster, das sich bei jeder Störung durch einen plötzlichen Windhauch, durch ein Lachen, einen Gedanken verändert?«

Hilfreich ist ein Gespräch dann, wenn es gelingt, unsere Wirklichkeit als Kaleidoskop zu erleben – wir können es schütteln und indem wir das tun, entsteht unsere Wirklichkeit in jedem Moment wieder neu. Ich bin sicher, dass dieses Buch für eine große Zahl von Beraterinnen und Beratern eine grundlegende Lektüre werden wird und auch für ratsuchende Menschen eine Quelle von Möglichkeiten, sich Fragen selbst zu stellen, die ihnen Jürgen Hargens stellen würde – er hat uns ja alle als Besucher in seine Praxis eingeladen!

Arist von Schlippe

---

2 Lightman, A. (1993): ... und immer wieder die Zeit. Einsteins Dreams. Hamburg.

Über dieses Buch

Was vor Ihnen liegt, liebe Leserin, lieber Leser, ist (m)ein Bemühen, ein wenig Licht in das Dunkel meiner über 25-jährigen Praxis zu bringen – der Versuch, das, was ich tue, in Worte zu kleiden. Das ist ein langer Versuch, der immer noch nicht abgeschlossen ist, denn meine Praxis verändert sich stetig – genau wie ich, genau wie Sie. Manchmal beinahe unmerklich, manchmal eher auffällig. Ein Blick in Videoaufzeichnungen therapeutisch-beraterischer Sitzungen der letzten Jahre ließ mich manchmal erschrecken, gelegentlich schmunzeln, doch irgendwie fand ich immer ein Stück von mir wieder.

Das hat mich immer wieder zu der Frage zurückgeführt: Was tue ich da eigentlich? Was tue ich da wirklich? Wie mache ich mir das klar, was ich tue? Wie transportiere ich das in Ausbildungen, Kurse und Workshops?

Mein Grundverständnis von Therapie hat sich dabei gewandelt und ist doch gleich geblieben. Seit 1979 arbeite ich auf diese Art und habe immer versucht, mich um eine klare Definition herumzudrücken. »Systemisch« hieß es Ende der Siebzigerjahre, später »familientherapeutisch«, »systemisch familientherapeutisch«, »kurztherapeutisch«, »lösungsorientiert«, »narrativ«. Heute spreche ich am liebsten von *Arbeit* statt von Therapie und von *ressourcenorientiert*.

Den Hintergrund meiner Arbeit bilden einerseits theoretische Darstellungen, andererseits und viel stärker die eigenen praktischen Erfahrungen und die Besuche hinter der Scheibe, die ich machen konnte. Damals, als Gründer und Herausgeber der *Zeitschrift für systemische Therapie*, war es für mich relativ einfach, auch die bekanntesten Kolleginnen und Kollegen zu besuchen, ihnen auf den Mund zu schauen, sie in unterschiedlichen Kontexten zu *erleben*. Das hat mich ungemein bereichert and angeregt.

Darum geht es mir und deshalb spreche ich auch von *ressourcenorientiertem Arbeiten* – die eigenen Ressourcen und Möglichkeiten nutzen, die eigene Originalität professionell erweitern. So gesehen, bleibt jede Veränderung eingebettet in meinen Kontext – je stärker die Veränderung, desto stärker die Stabilität.

Keeney hat dies vor Jahren treffend formuliert: »Einige klinische Wissenschaftler gehen davon aus, daß sich eine lebensfähige Zukunft der Familientherapie aus den sogenannten neuen Ideen, neuen Therapien oder neuen Epistemologien – seien sie systemisch oder nicht – konstruieren läßt. Die vielleicht radikalste (oder konservativste) Auffassung ist die, daß sich das für unseren Bereich ›Neue‹ in den Klassikern der Vergangenheit findet« (1984, S. 145).

Wenn ich dieses Buch »Aller Anfang ist ein Anfang. Gestaltungsmöglichkeiten hilfreicher systemischer Gespräche« nenne, dann, weil mir wichtig geworden ist, jedes Gespräch als ein erstes oder letztes zu führen – denn es steht immer nur das Gespräch zur Verfügung, das gerade geführt wird. Ob es weitere Gespräche geben kann oder wird, bleibt offen. Deshalb geht es darum, diese Möglichkeit zu nutzen.

Darüber hinaus ist bekannt, dass wir uns ständig ändern – was heute gilt, muss morgen nicht mehr gelten. Und das trifft auch auf *Klientinnen* und *Klienten* zu – ich spreche lieber von *Kundinnen* und *Kunden*.[1] Ein zweites Gespräch ist daher in meinen Augen ein erneutes Erstgespräch, es geht gleichsam immer wieder ganz von vorne los. Das jedenfalls ist eine meiner wichtigen Erfahrungen.

Und in diesem Buch möchte ich Ihnen vorstellen, wie ich meine gegenwärtige Praxis beschreibe – theoretisch und praktisch und – hoffentlich – auch da und dort unterhaltsam.

Die Bedeutsamkeit von Erstgesprächen ist nun nichts Neues, auch wenn sich dies in der Praxis nicht immer so niederschlägt.

---

1 Siehe dazu im Anhang meinen Beitrag aus der *Zeitschrift für systemische Therapie*, in dem die Begrifflichkeit ausführlich begründet wird.

Selvini betonte, die »Tatsache, daß die Therapie mit dem ersten telefonischen Kontakt beginnt, kann nie genug hervorgehoben werden« (Selvini Palazzoli et al. 1977, S. 21). Das gilt nach meinem Verständnis uneingeschränkt. Ähnlich argumentieren auch Stierlin et al. (1977, S. 47), die die erste Kontaktaufnahme als Beginn der (Familien-)Therapie definieren.

Das verweist darauf, wie wichtig eine professionelle Strukturierung des Erstkontakts – und der Schritte dorthin – sein dürften. Und darum geht es mir – zu schauen, was einen Rahmen begünstigt, der eine wirksame Arbeit fördern kann, ohne dass ich dies einseitig zu bestimmen vermag.

Dabei möchte ich Sie gleich zu Beginn darauf aufmerksam machen, was ein bekannter Kollege – ich meine, es war Jay Haley – solchen Beschreibungen und Erzählungen der eigenen Praxis sinngemäß hinzufügte: »Sie hören, was ich Ihnen erzähle, aber Sie wissen nicht, ob ich das auch tatsächlich so tue. Wenn Sie mich in meiner Praxis beobachten, könnten Sie möglicherweise zu ganz anderen Beschreibungen kommen. Das sollten Sie nicht vergessen.«

Ähnliches hat auch Kurt Ludewig (1987) in seinen »10 + 1 Leitsätze« formuliert, wenn es im Leitsatz »+ 1« präzise heißt: »Befolge nie blind Leitsätze!« (S. 188).

Warum ich solche Einschränkungen, Warnungen, Vorsichtshinweise an den Anfang des Buches stelle? Ganz einfach – ich möchte, soweit ich kann, dazu beitragen, dass Sie dieses Buch als Anregung verstehen, über ihre Praxis zu reflektieren und nicht als eine Art Kochbuch, in dem steht, wie Sie es machen müssen. Der Volksmund formuliert dies treffend – »Viele Wege führen nach Rom«, vorausgesetzt, Sie wollen dorthin!

Ich möchte Sie einladen, einen Blick in meine Praxis zu werfen, zu schauen, wie ich mich vorbereite, welche Ideen mich leiten, mich in-formieren und inwieweit dies für Sie anregend sein kann.

Und nun lade ich Sie ein, mir ein wenig zu folgen …

Dank

Ich schulde vielen Kolleginnen und Kollegen Dank auf meinem Wege – mit einigen stehe ich noch in regelmäßigem, mit anderen in gelegentlichem Austausch und mit einigen hat die Zeit (oder was sonst immer) dazu geführt, dass wir uns aus den Augen verloren haben.

Einigen Wegbegleiter/innen möchte ich ausdrücklich danken für ihre Anregungen und Klarstellungen, für ihre Kritik und Begleitung wie auch dafür, dass sie mich, meine Fragen, meine Art und überhaupt ... geduldig, liebevoll, manchmal ungehalten, aber immer solidarisch er- und getragen haben. Es sind dies (in alphabetischer Reihenfolge) Armin Albers (Niebüll), Johanna Christiansen (Bredstedt), Stefanie Dieckmann (Kiel), Juliane Dürkop (Kiel), Jay Efran (Philadelphia), Douglas Flemons (Fort Lauderdale), Uwe Grau (Lindau), Bengta Hansen-Magnusson (Wanderup), Ernst Hansen-Magnusson (Wanderup), Ingrid Johannsen (Büdelsdorf), Sigrid Leyendecker (Esslingen), Wolfgang Loth (Bergisch Gladbach), Gerda Mehta (Wien), Hermann Meidinger (Merching), Csaba Ratay (Budapest), Andrea Richter (Berlin), Michele Ritterman (Oakland), Margit Scholze (Kaltenleutgeben), Käthi Vögtli (Luzern), Arist von Schlippe (Osnabrück), Christoph von Stritzky (Leck) und Helen Zettler (Schwäbisch Hall).

Bei allen, die hier noch hätten genannt werden müssen, die ich vergessen habe, möchte ich mich entschuldigen. Ihr Einfluss ist wichtig und unerkannt und hat Auswirkungen.

Vergessen darf ich auf keinen Fall die Kundinnen und Kunden, die mir immer wieder gezeigt haben, dass und wie Theorie und Praxis in einem wechselseitigen Entwicklungsprozess stehen. Aber auch die Krankenkassen dürfen nicht unerwähnt bleiben, da sie mir geholfen haben, meinen Ansatz gerade in den Gutachten für die Kostenerstattung für eine Psychotherapie zu präzisieren und zu lernen, verständlich zu formulieren (auch wenn meine Art der Gutachten keinesfalls den sog. Richtlinienverfahren entspräch).

Psychotherapie als Redekur

Was immer auch in psychotherapeutischen Sitzungen geschieht, auf die eine oder andere Weise bleibt es an *Sprache* geknüpft. Würde das, was in psychotherapeutischen Sitzungen geschieht, nicht an Sprache gebunden sein, so könnte ich hier nicht darüber schreiben, Klientinnen und Klienten (*Kundinnen* und *Kunden*) könnten sich nicht daran erinnern, denn beim Erinnern benutzen wir Wörter – wir führen sozusagen einen Dialog mit uns selbst.

Und wird in therapeutischen Sitzungen mit Materialien gearbeitet, zum Beispiel mit Buntstiften, Klötzen, Ton, so erfolgt immer eine sprachliche Verständigung über die Bedeutung der entwickelten Produkte oder des Prozesses. Selbst Imaginationen oder Phantasiereisen werden sprachlich angeleitet und die inneren Bilder »gesehen« und in Begriffe übersetzt – laut oder leise.

Ich möchte es ein wenig anders beschreiben: Um Abläufe wahrzunehmen, übersetzen wir sie in Sprache. Mit den von uns gewählten Wörtern schreiben wir den Ereignissen zugleich Bedeutungen zu, und diese Bedeutungen entfalten dann ihre handlungsleitenden Wirkungen, die wir wiederum in Sprache übersetzen (können).

Dazu einige Beispiele

Sagt ein Bekannter zu mir: »Ich glaube, es wäre gut, wenn du 'mal zu einem Therapeuten gehst«, dann hängt die Bedeutung, die ich dieser Aussage zubillige, von der Beziehung ab, die zu dem Bekannten besteht: Hält er mich für gestört? Macht er sich Sorgen?

Will er seine Ruhe? Kritisiert er? Möchte er helfen? Macht er Witze? Viele Fragen – wenige Antworten.

Auf der Straße nickt mir ein guter Freund flüchtig zu und geht weiter. Vielleicht hat er etwas Dringendes zu erledigen? Vielleicht wollte er nicht mit mir reden? Vielleicht – vielleicht erinnern Sie sich, liebe Leserin, lieber Leser, dabei an die Geschichte mit dem Hammer, die Paul Watzlawick (1983) erzählt hat.

Mir ist dabei wichtig zu verdeutlichen, dass wir nicht anders können, als alles, was wir wahrnehmen, mit einem Sinn, einer Bedeutung zu unterlegen. Und diese Bedeutung ist durchaus nicht willkürlich und beliebig, sondern immer auf den Kontext bezogen, in dem wir wahrnehmen.

Wenn ich also *Psychotherapie als Redekur* beschreibe, so stellt dies meine Bedeutungszuschreibung dar. Ebenso hätte ich auch anders titeln können: Psychotherapie als Hilfe, als Begegnung, als Heilbehandlung oder als Teil des Gesundheitssystems. Die Bedeutung hätte sich immer ein wenig verschoben.

»Sobald Menschen anfangen, mit Sprache umzugehen, werden Worte und Symbole zu so allgegenwärtigen und unerläßlichen Erfahrungsbestandteilen, daß es für sie praktisch unmöglich wird zu entscheiden, wie die Welt ohne die Brillen aussähe, die jene Funktionen bereitstellen. So nützlich unsere Sprachlinsen auch sind, sie machen uns auch – mehr oder wenig ständig – blind gegenüber manchen grundlegenden Wahrheiten. Es wird schwierig zu entscheiden, welche Wahrnehmungsaspekte auf die Merkmale der Linsen zurückzuführen sind und welche auf die Gestalt der Wirklichkeit selbst« (Efran et al. 1992, S. 55).[1]

Worauf es mir ankommt, ist zu zeigen, dass ich Psychotherapie im Kontext von Sprache und Bedeutungsgebung ansiedle und dass ich darauf mein Vorgehen aufbaue. Wobei mein Vorgehen eingebettet ist in all das, was andere bereits gedacht, gemacht und entworfen haben. Ich stelle Ihnen hier also nichts Neues vor, sondern etwas, was ich für mich auf diese Weise geordnet habe und das *mir* in meiner Arbeit nützlich war und noch ist.

---

1 Die markierten Abschnitte sind eingeschobene »Lese-Ergänzungen«.

... und was wirkt?

Aller Anfang ist ein Anfang – so der Titel dieses Buches. In meiner Arbeit habe ich es *immer* nur mit Erstgesprächen zu tun: Wie schon Heraklit bemerkte, kann niemand zweimal in denselben Fluss steigen. Und wenn eine Einzelperson oder eine Familie zu einer zweiten Sitzung kommt, dann kommen *andere* Personen wieder. Es sind nicht mehr dieselben, sie haben sich verändert und die Arbeit beginnt gleichsam wieder von vorn – ein neues Erstgespräch, das (natürlich) ein wenig vertrauter scheint, weil ich glauben könnte, diejenigen zu kennen: ein *Vor-Urteil*, eine Einladung zum Gedankenlesen (s. u.). Und – nicht zu vergessen – auch ich bin nicht mehr derselbe, auch ich habe mich »im Fluss der Zeit« verändert.

Deshalb ist es mir in meiner Arbeit wichtig, einen *Rahmen* zu schaffen, der zieldienlich ist, der Kooperieren begünstigt und der auch mir die Arbeit erleichtert. Dazu bedarf es sowohl theoretischer Leitlinien wie praktischer Erfahrung und über beides möchte ich Ihnen hier berichten.

Dabei soll die Arbeit – natürlich, denn das wollen wir doch alle, oder? – effektiv, effizient und wirksam sein, das heißt in Laborsituationen erprobt (klinisch rein), kostengünstig und in der Alltagspraxis wirksam.

> »Haben sich Verfahren in kontrollierten Laborstudien als wirksam erwiesen (»*efficacy studies*«)?
> Haben sich Verfahren im Praxisalltag als hilfreich bewährt (»*effectiveness studies*«)?
> Haben sich Verfahren unter den konkreten institutionellen und gesellschaftlichen Rahmenbedingungen als erschwinglich erwiesen? (»*efficiency studies*«)« (Loth 1998, S. 178, Hervorh. J. H.).

Neuere Übersichten zeigen, wie bedeutsam die Klientin/Kundin ist (z. B. Hubble et al. 2001). In diesen Übersichtsarbeiten, die vorliegende empirische Studien zusammenfassen, aufarbeiten und auswerten, wurde zunächst festgestellt, dass jede Form von Psychotherapie wirkt!

»Es gibt mehrere alternative Erklärungen für die allgemeine Feststellung, dass es bei KlientInnen, die an unterschiedlichen Therapien teilnahmen, keinen Unterschied im Therapieergebnis gab. Erstens können unterschiedliche Therapien ähnliche Ziele mit Hilfe unterschiedlicher Prozesse erreichen. Zweitens ist es möglich, dass tatsächlich unterschiedliche Ergebnisse vorliegen, diese jedoch durch die bisherigen Forschungsstrategien nicht aufgedeckt werden. Drittens können unterschiedliche Therapien gemeinsame Faktoren enthalten, die zwar heilend wirken, die jedoch nicht in der für die jeweilige Schule zentralen Veränderungstheorie besonders hervorgehoben werden« (Asay u. Lambert 2001, S. 48).

Darüber hinaus werden vier Variablen (sog. common factors) extrapoliert, die die Wirksamkeit psychotherapeutischer Arbeit »erklären« – was spezifische therapeutische Techniken nun nicht überflüssig macht, da solche allgemeinen oder unspezifischen Faktoren allein nicht auszureichen scheinen, vorhandene Ressourcen zielgerichtet zu entfalten: »schließen spezifische Techniken und allgemeine Faktoren sich nicht gegenseitig als Determinanten des Behandlungsergebnisses aus. Wie einige Autoren schon zu bedenken gegeben haben ..., ist es nur von begrenztem Wert, wenn man spezifische Techniken von gemeinsamen Faktoren abtrennt, da Techniken nie in einem Kontext angeboten werden können, der frei von interpersoneller Bedeutung ist« (Asay u. Lambert 2001, S. 64).

Allgemeine Faktoren (nach Asay u. Lambert 2001):
1. *Klient(inn)envariablen und extratherapeutische Ereignisse*
   »... das Ergebnis wird in hohem Maße durch die KlientIn und äußere Ereignisse bestimmt – und nicht durch die TherapeutIn« (S. 50).
   Ihre Auswirkung auf das Therapieergebnis wird mit 40 % angegeben.
2. *Beziehungsfaktoren*
   »Die Beziehung zwischen Therapeut und Klient ist entscheidend. Daher resultiert ein gewisser Teil der erwähnten Unsi-

cherheit in der Forschung aus Ergebnissen, die darauf hinweisen, dass die von der KlientIn wahrgenommenen Beziehungsfaktoren – und nicht so sehr die von objektiven Bewertern wahrgenommene Beziehung – stets die positiveren Erfolge mit sich bringen. Außerdem bestehen die größeren Korrelationen in Bezug auf die Ergebnisse oft zwischen den Einschätzungen des Fortschritts der KlientInnen und den Berichten der KlientInnen selbst über das Ergebnis« (S. 34).

»Zum Beispiel forderte Lorr (1965) 523 KlientInnen der Psychotherapie auf, ihre TherapeutInnen nach 65 vorgegebenen Feststellungen zu beschreiben. Eine Faktorenanalyse dieser Daten identifizierte fünf Faktoren: Verständnis aufbringen, annehmen, autoritär (direktiv) [»authoritarian (directive)«], Unabhängigkeit fördern und kritisch feindselig [»critical hostile«]. Die Einschätzungen auf Grund dieser deskriptiven Faktoren wurden mit der Besserungsrate korreliert; die KlientInnenbeurteilung von ›Verständnis aufbringen‹ und ›annehmen‹ korrelierte am höchsten mit der von KlientInnen und Therapeutinnen beurteilten Besserung« (S. 58).

Ihre Auswirkung auf das Therapieergebnis wird mit 30 % angegeben.

3. *Erwartungs- und Placeboeffekte*

»In seiner klassischen Arbeit *Persuasion and Healing* ... argumentiert Frank (1973), das therapeutische Unterfangen bringe die feste starke Erwartung mit sich, der KlientIn könne tatsächlich geholfen werden ... Und zwar wird den Menschen die Hoffnung gegeben, etwas könne getan werden, um ihnen zu helfen« (S. 59).

Ihre Auswirkung auf das Therapieergebnis wird mit 15 % angegeben.

4. *Technik- und Modellfaktoren*

»Im Großen und Ganzen haben die vielen bisher abgeschlossenen vergleichenden Untersuchungen wenig Beweise geliefert, die auf die Überlegenheit der einen oder anderen Schule über die anderen schließen lässt« (S. 39).

Ihre Auswirkung auf das Therapieergebnis wird mit 15 % angegeben.

Ich leite für mich daraus die Idee ab, dass es bedeutsam ist, die Ressourcen und Möglichkeiten, die die Kundin und der Kunde mit einbringt, zu erkennen, herauszuarbeiten und auszuweiten und dass mir dazu die Möglichkeiten meines theoretischen Konzepts hilfreich sein können.

In diesem Sinne verstehe ich die Menschen, die zu mir kommen, um Unterstützung beim Umgang mit aktuellen Problemen zu erhalten, als Kund(inn)en: sie »kaufen« meine Dienstleistung und sie sind »kundig«, Expert(inn)en für sich, ihr Leben, ihre Ressourcen, ihre Ziele – auch wenn es ihnen nicht immer leicht fällt, diese Kundigkeit direkt und unmittelbar zu nutzen (s. auch Hargens 1993a, im Anhang).

Was ich Ihnen, liebe Leserin, lieber Leser, im Folgenden vorstellen möchte, sind die Ideen, Konzepte und Vorgehensweisen, die sich in meiner Praxis als hilfreich und nützlich erwiesen haben. Dabei möchte ich Ihnen nicht nur theoretische Beschreibungen liefern, sondern auch Einblicke in das gewähren, was ich tue, soweit es mir in schriftlicher Form möglich, sinnvoll und nützlich erscheint.

»Die vielleicht radikalste These ... ist, daß die Lehren und Schriften der Begründer sogenannter Therapie-›Schulen‹ nicht unbedingt gesund für Therapeuten sind. Therapieschulen entstehen, wenn ihr Urheber die Art, wie er selbst seine individuellen Ressourcen (zur Zeit der Entstehung seiner Schriften) nutzt, einfach ›orchestriert‹. Ein solch theoretisches Werk ist insofern von Interesse, als es dokumentiert, wie der persönliche Stil eines bestimmten Therapeuten in einem bestimmten Augenblick ausgesehen hat, und es weckt so betrachtet natürlicherweise die Neugier anderer Therapeuten« (Keeney 1991, S. 147).

Reflektierende Positionen

»Du hast recht aus deiner Sicht, ich hab' recht aus meiner Sicht«

Nehme ich die Aussagen des *radikalen Konstruktivismus* und des *sozialen Konstruktionismus* ernst – die Idee, dass wir unsere Welt aufgrund unserer Kognitionen in unseren Interaktionen konsensuell hervorbringen (Gergen 1990, 1991, 2002; Hoffman 1996; von Foerster 1985; von Glasersfeld 1987; Watzlawick, 1981) – dann erscheint es möglich, »die Welt« aus sehr unterschiedlichen Perspektiven zu sehen und den scheinbar gleichen Phänomenen sehr unterschiedliche Bedeutungen zu geben. Dasselbe gilt selbstverständlich auch für das, was ich hier schreibe – es ist weder richtig noch falsch: Es ist einfach eine aus einer Vielzahl möglicher Perspektiven.

Für mich ist es wichtig, dies auch auszusprechen (*öffentlich zu machen*), um Sie, die Leserin, den Leser, mit einigen meiner Grundannahmen vertraut(er) zu machen. Nach meinem Verständnis des Konstruktionismus konstituiert meine Idee, die ich im Kopf habe, den Rahmen, in dem Ereignisse stattfinden (natürlich bin ich Teil eines sozialen Systems, das zur Bedeutungsgebung beiträgt). Es ist nie das Ereignis selbst, das die Bedeutung bestimmt. Das »wissen« wir alle, aber wir »vergessen« es oft. Ein kleines Beispiel:

Ein Kunde betritt das Therapiezimmer und sagt, er sei depressiv. Er sagt, er wolle sich besser fühlen, glücklich sein und sich an seinen Beziehungen erfreuen. All diese Sätze könnten mich dazu verführen zu glauben, ich würde imstande sein »zu wissen« oder »zu verstehen«; ich lasse mich möglicherweise von meinen eigenen

Geschichten über »depressiv«, »Glück« und so weiter *verzaubern* (Hargens u. Grau 1994a, S. 84).
Ich habe lange gebraucht, um das herauszufinden. Heute *glaube* ich, dass ich viel über meine *Vor-Urteile*, meine »inneren Normen«, meine »Vorannahmen« wissen sollte – über meinen Bezugsrahmen (Hargens 1993a). Denn es ist genau dieser Rahmen, der Worten Bedeutung verleiht.
Ich möchte den Begriff Vor-Urteil betonen, denn er verweist darauf, dass ein Urteil, eine Bewertung unvermeidlich ist: Ich kann nämlich nur Vorurteile haben, denn aus konstruktivistischer Sicht habe ich keinen unmittelbaren und direkten Zugang zur Wirklichkeit, sondern eben nur zu meinen »Konstruktionen«, zu meinen Vor-Urteilen.

> Dabei möchte ich an eine Grundannahme der Kommunikationstheorie erinnern: Auch wenn ich etwas mit einer bestimmten Absicht sage, so bleibt es doch immer die/der Empfänger/in, die/der die Bedeutung der Botschaft bestimmt. »Verstehen« oder »Bedeutung« vollzieht sich nach diesem Verständnis immer in der Interaktion der handelnden Personen und hängt eben nicht von den Worten ab, die verwendet werden.

Diese Idee enthält viele Implikationen, und ich möchte nur einige erwähnen: zuallererst die, dass es weder eine *richtige* noch eine *falsche* Art des Verstehens gibt – es gibt einfach *unterschiedliche* Arten des Verstehens. Dasselbe gilt natürlich auch für das, was ich Ihnen hier erzähle. Ich erzähle Ihnen weder die richtige noch die falsche Geschichte – ich erzähle Ihnen einfach eine Geschichte aus der Vielfalt aller möglichen Geschichten, die erzählt werden können. Darum dreht es sich aus meiner Sicht beim Konstruktionismus und bei Narrativen: es geht um *Möglichkeiten* (Friedman 1993; O'Hanlon 1993; O'Hanlon et al. 1998). Es geht darum, eine Geschichte aus dem Meer aller möglichen Geschichten auszuwählen. Es geht vorrangig *nicht* darum, ob die Geschichte richtig oder wahr ist; es ist der *Rahmen*, in dem die Geschichte erzählt wird, der bedeutsam ist, sowie die Bedeutung dieses Rahmens und seine sozialen Konsequenzen. Die Bedeutung sozialer Konsequenzen wird offensichtlich, wenn man bedenkt, dass ein Dialog eine Begegnung mit einer anderen Person impliziert. Andersen (1990) hat das sehr anschaulich formuliert, wenn er von einer Entwicklung von *Entweder-oder* zu *Sowohl-als-auch* spricht. Das ist der »Tod des Widerstands« (de Shazer 1984), weil es nichts mehr gibt, dem zu widerstehen wäre. Geschichten sind nämlich einfach nur Geschichten, die erzählt werden! Aber ich sollte darauf hinweisen, dass es immer andere Geschichten gibt.

Widerstand verstehe ich eher als ein Konzept, das Fachleute benutzen, um Verhalten ihrer Kund(inn)en zu beschreiben, wenn diese sich nicht so verhalten, wie es die Fachleute erwarten. Anders formuliert: Fachleute verwenden die Beschreibung *Widerstand* für erwartungswidriges Verhalten aufseiten der Kund(inn)en. So gesehen könnte der Begriff Widerstand auch als *interaktiver Spielzug* beschrieben werden, der ausdrückt, dass die Bewertung der Fachleute sich von der Bewertung der Kundin/des Kunden unterscheidet und dass Fachleute deren Verhalten negativ bewerten. Kommunikationstheoretisch bezeichnet *Widerstand* daher eine komplementäre Beziehung: Die Fachleute verfügen über die Definitionsmacht, Verhalten einseitig zu etikettieren.

Eine andere Idee, die zum Bereich des Konstruktivismus passt, ist die »Konstruktion, dass wir konstruktiv sind« (Hoyt 1996), der Glaube, dass wir keinen direkten und unmittelbaren Zugang zu einer Wirklichkeit haben (vgl. Watzlawick 1981). Wir erfahren Wirklichkeit nur über unsere Sinne und jede Bestätigung dieser Erfahrung ist keine Bestätigung der Wirklichkeit, sondern eine weitere Sinneswahrnehmung, die von einer weiteren Sinneswahrnehmung bestätigt werden könnte ad infinitum – wie wir es anderenorts beschrieben haben: »Wie wir alle wissen, kann ein Ereignis aus unterschiedlichen Perspektiven beschrieben werden und auf diese Weise verschiedene ›Welten‹ und ›Wahrheiten‹ erschaffen. Das definiert für uns eine Grundüberzeugung des ›radikalen Konstruktivismus‹ …, eine Bezeichnung für eine erkenntnistheoretische Sichtweise, die behauptet, dass Menschen nicht imstande sind, eine ›Wirklichkeit da draußen‹ unabhängig und losgelöst von ihren Kognitionen wahrzunehmen ... Eine konstruktivistische Auffassung verleugnet nicht die Wirklichkeit – sie hebt lediglich hervor, dass wir keinen direkten und unmittelbaren Zugang zur Wirklichkeit haben. Dieser Unterschied (Wirklichkeit verleugnen versus keinen direkten und unmittelbaren Zugang zur Wirklichkeit haben) – um Batesons Begriff ›ein Unterschied, der einen Unterschied macht‹ zu benutzen – ist von entscheidender Wichtigkeit« (Hargens u. Grau 1994a, S. 81).

Das bedeutet nun nicht, dass es *keine* »äußere Wirklichkeit gibt« – es bedeutet einfach nur, dass wir nichts über diese Wirklichkeit wissen können. Wir erfinden sie mithilfe unserer Sinnesorgane. Und da Menschen Ähnlichkeiten aufweisen – etwa im biologisch-physiologischen Bereich: ihr Nervensystem gilt als gleich – und einen Prozess der Sozialisation durchlaufen, teilen wir viele gemeinsame Bedeutungen. Diese gemeinsamen Bedeutungen sind einfach nur das: gemeinsame Bedeutungen und nicht mehr. Natürlich lassen wir uns oft dazu verführen zu glauben, diese gemeinsamen Bedeutungen hätten eine eigene Wirklichkeit. Nur – die Welt kommt niemals dazwischen! Nach meinem Verständnis haben wir sie erfunden. *Alles nur Theorie ...*

Diese scheinbare Freiheit, die Welt so zu sehen, wie wir es wünschen, hat ihre Grenzen und Begrenzungen – sowohl durch unsere Sinnesorgane wie durch die Gesellschaft, in der wir leben. Jeder Prozess, »meine« Welt zu konstruieren, ist eben nicht einfach nur beliebig oder willkürlich, sondern hat seine Grenzen – weil jede Konstruktion Bedeutungen impliziert und jede Bedeutung Verhaltensregeln impliziert. Und jedes Verhalten hat soziale Konsequenzen. *Konsequenzen* sind ein Teil dessen, was diesen Konstruktions- und Bedeutungsfindungsprozess »regelt und reguliert« (Efran et al. 1992).

Und das war's dann auch schon – das ist meine grundlegende Idee, die meinen therapeutischen Ansatz rahmt. Auch wenn es einfach und leicht auszusehen scheint, so habe ich doch lange gebraucht, um diese Ideen umzusetzen und ihnen zu folgen. Was ich jetzt machen möchte, ist, mit Ihnen einige Gedanken zu teilen, wie ich einen solchen Ansatz lebendig mache und verwirkliche.

Es braucht mehr als einen, um ...

Aus einer narrativen Perspektive wird Therapie *als* Konversation gesehen. Das heißt allerdings nicht, dass Therapie eine Konversation *ist* oder dasselbe ist wie jede andere Konversation. Das würde keinen Unterschied machen. Efran et al. (1992, S. 257) haben es so formuliert: »In Therapie begegnen sich zwei oder mehr Personen und bilden eine neue Verkoppelung, die es ihnen ermöglicht, neue Unterscheidungen zu treffen. In dem Prozeß erwecken sie ... Alternativen zum Leben, die vorher nicht existierten.«

> Alternativen, die erkennbar werden, stellen Möglichkeiten dar und vergrößern so die verfügbaren Optionen – und ein Anwachsen der Optionen ist zumeist mit *Hoffnung* verbunden: Es könnte nämlich so sein, dass mehr möglich sein könnte als es zunächst den Anschein hat. In diesem Sinne stellt Hoffnung für mich einen wesentlichen Aspekt dieser Arbeit dar.

Die Frage bleibt aber bestehen: Wie kann ich den *Unterschied* zwischen verschiedenen Konversationen beschreiben, zwischen Therapie und Alltagsgespräch? Betrachte ich Konversation genauer, so zeigt sich, dass sie im Wesentlichen ein verbaler Austausch ist, der aus fragen, infrage stellen, feststellen, (para-)phrasieren und so weiter besteht. Eine therapeutische Konversation (vgl. Furman u. Ahola 1992; Gilligan u. Price 1993) lässt sich als eine Konversation definieren, die von Fachleuten geleitet wird. Das heißt, es handelt sich um eine professionelle Konversation – definiert aufgrund professioneller Standards und Methoden. Es handelt sich nach meiner Definition um ein *soziales* Ereignis, gekennzeichnet durch das Bemühen aufseiten der Fachleute, professionelle Haltungen in Handlungen zu verwirklichen, die den spezifischen professionellen (therapeutischen) Ansatz definieren (*rahmen*). Auch wenn diese Definition abstrakt klingen mag, enthält sie die Grundlagen meiner Auffassung: Um eine professionelle Begegnung »zu verwirklichen«, muss ich *die Haltungen definieren, die diese Begegnung als eine professionelle Begegnung rahmen*. Wieder spreche ich über den Rahmen, der den Kontext konstituiert, der konstituiert, was ich tue, was den Rahmen konstituiert und so weiter – endlos wirkender Kreislauf.

Loth (1998) spricht in diesem Zusammenhang von *beisteuern*, ein Begriff, der für mich sehr gut diese Idee widerspiegelt: »Beisteuern ist nicht das gleiche wie steuern. Es ist aber auch nicht das gleiche wie einfach dabeizusitzen. Beisteuern meint die Kompetenz, sich erkennbar, verantwortlich und anschlußfähig daran zu beteiligen, Perspektiven zu weiten und neue Möglichkeiten zu erschließen, ohne dies einseitig und allein entscheidend tun zu können« (S. 41f.).

Dies ist eine gute Gelegenheit, auf den Konstruktivismus zurückzukommen: Da wir niemals einen direkten und unmittelbaren Zugang zur Wirklichkeit haben, konstruieren wir unsere »Wirklichkeit« (1) durch Wahrnehmungen unserer Sinnesorgane und (2) indem wir diese Wahrnehmungen mit unseren Mitmenschen in Sprache abgleichen, überprüfen und verfeinern. »Wir sehen menschliche Schöpfer und Beschreiber als ›Sprechmaschinen‹ ... [und wir] verlassen uns dabei ganz besonders auf Sprache ... Anders gesagt, für uns läßt sich ›Wirklichkeit‹ als eine Geschichte verstehen, die in einem bestimmten Kontext erzählt wird, d. h. in einem Kontext, der alternative Geschichten nicht ausschließt, sondern die Möglichkeit multipler Geschichten eröffnet« (Hargens u. Grau 1994a, S. 82).

So gesehen gilt: »all men and women are created equal« – zumindest in ihrem Vermögen, ihrer Kompetenz, ihrer Stärke, Geschichten zu erschaffen. Dieses Verständnis hat unser[1] Vokabular entscheidend verändert. Ich habe bereits erwähnt, dass Worte nicht nur (explizite) Bedeutungen haben, sondern auch (implizite) Konnotationen mit sich tragen. So sprechen wir, wenn wir in einem narrativen Rahmen arbeiten, nicht länger von »Klient(inn)en« oder »Patient(inn)en«, sondern wir benutzen statt dessen den Begriff *Kundin* oder *Kunde* (Hargens 1993a; Hargens u. Grau

---

1 Ich verwende hier die Begriffe »ich« und »mir/mich« ebenso wie »wir« und »uns«, da ich oft mit einer Kollegin in einem Team zu zweit arbeite.

1994a; Hoffman 1995; Hoyt 1989/1995). »Die Begriffe ›KlientIn‹ oder ›PatientIn‹ enthalten für mich einen Unterton von Defizit, von jemandem, der/die in Beziehung zur TherapeutIn unterlegen (one-down) ist, der/die nicht weiß etc. ›KundIn‹ ist ein deutsches Substantiv, das wörtlich soviel bedeutet wie das englische Wort ›customer‹, aber der deutsche Begriff enthält mehr. Wenn wir KlientInnen als ›KundInnen‹ betrachten – dann verstehe ich sie als ExpertInnen für ihr eigenes Leben, für das, was sie tun, die Entscheidungen, die sie treffen und so weiter« (Hargens 1997, S. 174f.).

Ähnliches ließe sich auch für den Begriff *Therapie* formulieren. Das, was ich tue, benenne ich und die Wahl meines Begriffs hat Konsequenzen – sowohl im sozialen Umgang wie in der Bedeutung – und beides wirkt sich wiederum auf meine Begriffsbildung und Bedeutungsgebung aus. Nenne ich das, was ich tue, Therapie, so hat dies Konsequenzen; nenne ich das, was ich tue, Behandlung, Konversation, Interview, Konsultation, so hat auch dies Konsequenzen – und möglicherweise (ganz) andere. Das geht bis zu dem Punkt, wo es um die konkrete Bezahlung meiner Tätigkeit geht: *Kranken*kassen etwa bezahlen nur *Kranken*behandlungen.

In unserer Arbeit sagen wir dies auch genauso zu den Personen, die uns im professionellen Zusammenhang sehen. Wir sprechen sie als *Kund(inn)en* an, was meist zu einer Art Verblüffung führt. Wir erläutern dann unser Verständnis von *Kund(inn)en*, indem wir sagen, dass wir sie als *Kund(inn)en* im Sinne von Verbraucher/innen und Endabnehmer/innen, eben als Kund(inn)en, sehen: Sie kaufen unsere Dienstleistung Psychotherapie. Wir ergänzen dann allerdings, dass wir auch und besonders an die andere Bedeutung des Begriffes glauben: *Kund(inn)en* sind »kundig« und das heißt, sie wissen ganz genau, was sie wollen, auch wenn das nicht immer ganz leicht herauszuarbeiten ist. Aber sie sind *kundige* Menschen! Meist folgt an eben dieser Stelle ein Lächeln.

»Obwohl einige PraktikerInnen, besonders die unerfahrenen, sich vorstellen, sie oder ihre Methode seien der wichtigste Faktor, der zu dem Ergebnis beiträgt, wird diese Ansicht durch die Forschungsliteratur nicht gestützt. Im Gegenteil, das Ergebnis wird in hohem Maße durch die KlientIn und äußere Ereignisse bestimmt – nicht durch die TherapeutIn. Basierend auf seinen Kenntnissen der vorhandenen Literatur kam Lambert (1992) zu dem Schluss, bis zu 40 % der Besserung bei KlientInnen der Psychotherapie sei auf KlientInnenvariablen und extratherapeutische Einflüsse zurückzuführen« (Asay u. Lambert 2001, S. 50).

Wenn wir diese Fachlichkeit, dieses Expert(inn)entum betonen, so führt das dazu, Kompetenzen und Ressourcen auf *beiden* Seiten der therapeutischen Konversation wahrzunehmen: sowohl aufseiten der Kunden als auch aufseiten der Therapeuten. Sie erkennen schon, dass ich von »Sowohl-als-auch« spreche und nicht von »Entweder-oder«. Wenn ich von dieser Kompetenz ausgehe, so ist das hilfreich, den Rahmen der Begegnung zu konstituieren. Howard hat dies folgendermaßen ausgedrückt (1989, S. 141, Hervorhebung i. Orig.): »Heraklit hat darauf schon vor mehr als zwei Jahrtausenden hingewiesen: ›Man muß auf etwas hoffen, denn man wird nicht das finden, was man nicht erhofft hatte.‹ D. h. es ist die eigene Hoffnung, die zur Entdeckung von etwas führt. *Einige Geschichten sind ganz einfach ›hoffnungsvoller‹ als andere.*«

Dieses veränderte Vokabular ist bisher »einseitig« geblieben: Wir wissen wohl, dass der Begriff »Therapeut/in« viele Implikationen umfasst, aber bisher haben wir noch keinen passenderen Begriff gefunden. Was wir verändert haben, ist der Begriff »Therapie«. Wir ziehen es vor, von »Arbeit« zu sprechen.

Sprache

Was wir Menschen tun, wenn wir miteinander in Beziehung treten, lässt sich beschreiben als *Sprache benutzen*. Sprache kann auch als eines der wichtigsten Hilfsmittel der Therapie gesehen werden.

Aus dieser Perspektive kann es sinnvoll sein, einen Moment zu verweilen und etwas genauer auf die Sprache zu schauen (Anderson 1997).

Menschen gelten als Geschichten-Erzähler/innen (Anderson u. Goolishian 1990; Gergen 1991; Hoyt 1994a; Sarbin 1986). Efran et al. (1992, S. 115) haben dies elegant formuliert: »Menschen sind unverbesserliche und geschickte GeschichtenerzählerInnen – und sie haben die Angewohnheit, zu den Geschichten zu werden, die sie erzählen. Durch Wiederholung verfestigen sich Geschichten zu Wirklichkeiten, und manchmal halten sie die GeschichtenerzählerInnen innerhalb der Grenzen gefangen, die sie selbst erzeugen halfen.« Der soziale Konstruktionismus betont die Bedeutung von »in-Sprache-sein« und der Konstruktivismus kennt den Begriff »versprachlichen« oder »linguieren« (languaging) (Maturana 1988).

Therapie wird üblicherweise als eine Art »Sprech-Kur« verstanden (de Shazer 1996), und deshalb sollten wir auf Sprachunterschiede achten. Nehmen wir Sprache als soziales und kulturelles Phänomen ernst, dann können wir nicht umhin, auf diese Unterschiede zu schauen. Ich habe schon ein Beispiel erwähnt: Die Bezeichnung, die Psychotherapeut(inn)en verwenden, wenn sie über ihre Klient(inn)en sprechen (Klient/in, Patient/in, Konsument/in, Kunde/Kundin etc.) sollten ernstgenommen werden. Und auch eine Formulierung wie »*ihre* Klienten« verweist auf eine Haltung von Besitz und Eigentum. Das meine ich, wenn ich von »Konnotationen« spreche. Jede Sprache hat ihre besonderen Aspekte und Eigenheiten und manchmal unterscheiden sich selbst Regionen innerhalb von Ländern in solchen Eigenheiten. Sprache verweist immer schon auf einen sozialen Prozess. In Hinblick auf Therapie hat das einige Konsequenzen. Zuerst einmal kann ich niemals wissen, was im Kopf eines anderen Menschen vorgeht. *Gedanken lesen aufzugeben* war für mich eine sehr schwere Lektion. In Fortbildungen verwenden wir oft die folgende Übung:

Beobachten Sie bitte Ihre Interviews (auf Video, in Rollenspielen oder in einer Echt-Situation). Schreiben Sie bitte die ersten Äußerungen (Fragen), die Sie machen (stellen), folgendermaßen auf:

Reflektierende Positionen

Frage	Implikation	Intention
Welches Problem führt Sie hierher?		
Guten Tag, bitte erzählen Sie mir …		

Sie werden sicher schnell Ihre Lieblingsformulierungen entdecken, und dann können Sie nach (verborgenen) Implikationen suchen, etwa der Frage:»Welches Problem führt Sie hierher?« Implikationen könnten sein: (a) Es muss über Probleme geredet werden; (b) Informationen über Probleme sind nötig; (c) Sie müssen einen Grund (Problem) für Ihr Kommen angeben und so weiter. In einem zweiten Schritt können Sie Ihre Intentionen aufschreiben, weshalb Sie diese Frage stellen, und prüfen, ob und inwieweit Ihre Intentionen mit den vermuteten Implikationen übereinstimmen.

Ein kurzes Beispiel zur Frage: »Was führt Sie her?« Sie impliziert, dass es einen benennbaren Grund gibt zu kommen. Diese Annahme hat Auswirkungen auf das Ende der Therapie wie darauf, zu einer weiteren Sitzung zu kommen. Der Grund – es handelt sich um »Therapie« – ist ein Problem, eine Krankheit, eine Störung und zwar »schwer genug«, den Besuch bei einem Therapeuten oder einer Therapeutin zu rechtfertigen. Was, wenn die Therapeutin oder der Therapeut die Ressourcen und das Selbsthilfepotential der Kundin oder des Kunden stärken möchte? Passt die Implikation der Frage zu dieser Intention?

Ich weise nur daraufhin, denn es entspricht meiner Erfahrung, dass wir oft das soziale Spiel »Therapie« spielen, ohne die Implikationen und Einladungen zu beachten oder zu bedenken, die wir aussprechen, wenn wir uns an diesem Spiel beteiligen. Diese Implikationen und Einladungen formen den Rahmen, der die sogenannte therapeutische Begegnung rahmt. Deshalb halten wir es für hilfreich und nützlich, sorgsam und aufmerksam den Rahmen herauszuarbeiten, in dem Therapie stattfindet.

Hier erkennen wir *Fragen mit Vorannahmen* (»presuppositional questions«), die nach McKeel (1996, S. 255) »eine Erwartung oder eine Annahme kommunizieren.« Nach meiner Auffassung oder Vorannahme kann es allerdings keine Kommunikation ohne Erwartung oder Annahme geben, das heißt, ich operiere oder handle nur auf Grundlage meiner Erwartungen oder Annahmen. Als Therapeut trage ich Erwartungen mit mir, wie die therapeutische Begegnung mit eben dieser Kundin oder diesem Kunden verlaufen wird, so wie auch jede Kunde oder jede Kundin ihre Erwartungen und Annahmen mit sich trägt.

Da diese Erwartungen nicht nur wechselseitig bestehen, sondern auf beiden Seiten fortlaufend konstituiert werden, scheint es passender, von *Erwartungs-Erwartungen* (vgl. Grabbe et al. 1998) zu sprechen.

> Mir erscheint besonders die Vorannahme von Bedeutung, die meine Idee meines Gegenübers thematisiert: Sehe ich mein Gegenüber (klassisch: Klient/in) als Kunde/Kundin, als Patient/in, als Konsument/in, als Ratsuchende, sehe ich mein Gegenüber im von Foerster'schen Sinne als triviale oder nicht-triviale Maschine.
> Meine Idee leitet meine Handlungsoptionen – und diese verwirklichen sich dann wieder in der Interaktion, also im konkreten Aushandeln der Umgangsformen.

Von diesem Punkt ausgehend erscheint es vorteilhaft, sich auf Vorannahmen, Glauben und Erwartungen zu verlassen, weil sie gut zur narrativen Haltung passen: Es gibt nicht *den* richtigen Weg – es gibt einfach *Möglichkeiten*. Therapie lässt sich daher verstehen als eine Art fortlaufende Forschung, welche Erwartungen, Überzeugungen und Vorannahmen am hilfreichsten sein können, das aus der Therapie herauszuholen, was *beide – Kunde/Kundin und Therapeut/in* – wollen. Das erinnert mich an Selvinis Idee von Therapie als fortlaufenden Forschungsprozess. Nach meinem narrativen und konstruktivistischen Verständnis passt die Vorstellung von *Therapie als Nach-Forschung* hervorragend. Nach-Forschung impliziert, dass bereits Forschung stattgefunden hat, die erneut beforscht wird. Der englische Begriff *re-search* scheint hier noch passender (s. S. 102).

Es geht *nicht* (allein) um *finden*. Es geht um *forschen, suchen* oder – genauer – um *nach*-forschen: Was auch immer du finden magst, du kannst daran gehen, dies *nach*zuforschen, weil das, was du gefunden hast, einfach nur eine der unendlich vielen Möglichkeiten (oder: möglichen Geschichten) darstellt, und weil du niemals sicher sein kannst, das gefunden zu haben, wonach du suchtest.

Janosch, vielen als Kinderbuch-Autor sicher gut bekannt, beschreibt die Figur des Kleinen Tigers, der genau das erreicht, was er annimmt: Der Kleine Tiger besorgt die Pilze zur Mahlzeit, allerdings sucht er sie niemals – er geht immer in den Wald, Pilze *finden*.

Nach-forschen kann als eine weitere Vorannahme verstanden werden, die zu der Idee führt, dass sich Kundin/Kunde und Therapeut/in in dem, wonach sie suchen, unterscheiden können. Das unterstreichen anschaulich Ergebnisse von Metcalf et al. (1996), die zeigen, dass sich Beschreibungen von Kund(inn)en und Therapeut(inn)en über das, was in lösungsorientierter Kurztherapie geschieht, unterscheiden, manchmal sogar erheblich.[2] Nach-forschen als Vorannahme führt auch zu der Idee, dass *Kooperieren* unvermeidlich sein könnte, da jede/r Beteiligte bei diesem Unternehmen am Suchen und Forschen interessiert ist.

Je länger ich über Vorannahmen und Erwartungen nachdenke, desto mehr verstärkt sich bei mir der Eindruck, alles beruhe auf Vorannahmen. Daher erscheint es mir wichtig, in einem therapeutischen Prozess gerade darüber zu reflektieren und daran zu arbeiten. Das passt zu Millers (1985) Beobachtung, dass sich der am stärksten unterschätzte Faktor, den Therapieerfolg vorherzusagen, in der *Erwartung des Therapeuten/der Therapeutin* findet.

---

2 Die Therapie, die beschrieben wurde, war von beiden, Kund(inn)en wie Therapeut(inn)en, als »effektiv« bewertet worden – trotz der Unterschiede der Beschreibungen.

> Aus konstruktivistischer Sicht könnte ich Erwartungen der Therapeutin/des Therapeuten als selbst-rückbezügliche Reflexion beschreiben – eine Reflexionsschleife, die noch viel zu selten beachtet wird.
> Ein Beispiel aus Fortbildungsseminaren: In kurzen Übungen zu Berater/innen-Verhalten wird in der Rückmeldungsrunde oft über den »Fall« gesprochen und wenig konkret über das Verhalten der Beraterin/des Beraters, dabei wird die selbstreflexive Schleife gleichsam geöffnet, indem das eigene Verhalten hinter den Reflexionen und Hypothesen über den Fall verschwindet.

All diese Ideen legen es für mich nahe, *Selbst-Rekursivität* oder *Reflektieren über sich selber* als sehr wichtigen Teil dieser Art zu arbeiten zu sehen. Und – um noch einen Schritt weiter zu gehen – man sollte dies während des Prozesses machen, also offen in der Sitzung, also mit *reflektierenden Positionen spielen* (Hargens u. Grau 1994b).

Dialoge und Dialoge und Dialoge und ...

Andersen (1990) hat herausgestellt, was er den inneren und äußeren Dialog nennt, der abläuft, wenn sich Menschen treffen. Das gilt auch für Therapie: Sowohl Therapeut/in wie Kundin/Kunde führen einen Dialog mit sich, in ihrem eigenen Selbst (*innerer Dialog*) wie mit den anderen (*äußerer Dialog*).

> In der Kindertherapie sind diese Unterscheidungen nicht nur geläufig, sondern überaus praktikabel, wenn etwa mit Puppen innere Dialoge veröffentlicht oder externalisiert werden.
> Externalisieren im Sinne von White und Epston (1990) stellt andere Möglichkeiten bereit, die ebenfalls darauf abzielen, die Person und das Problem zu trennen.

Dieses Vorgehen hat sich als sehr praktisches Hilfsmittel erwiesen: Wir nutzen den inneren Dialog, um ein deutlicheres Bild davon zu bekommen, was sich in uns selbst abspielt, und wir haben Möglichkeiten gefunden, dies respektvoll zu veröffentlichen. Das hat etwas mit Sprache und ihrer Anwendung beim Konstruieren von »Welten« oder beim Ko-Konstruieren von Geschichten zu tun. Bruner (1986) hat sehr geholfen, an diesem Punkt Klarheit zu bekommen. Er spricht davon, »*Wirklichkeit zu konjunktivieren*« *(subjunctivizing reality)*[3] (S. 26, Hervorhebung i. Orig.) und das heißt, sich immer verschiedener Welten bewusst zu sein. »In einem konjunktivistischen Modus zu sein, heißt dann, mit menschlichen Möglichkeiten zu handeln und nicht mit feststehenden Gewißheiten. Ein ›geleisteter‹ oder ›schneller‹ narrativer Sprechakt bringt eine konjunktivistische Welt hervor« (Bruner 1986, S. 26).

Wir haben dies praktisch so übersetzt, dass wir den *Konjunktiv* verwenden, wenn wir über Welten sprechen, egal, ob dies grammatikalisch zutrifft oder nicht. Wir versuchen folglich, weder eine Geschichte vorzuschlagen, noch eine Geschichte durchzusetzen. Wir bieten eine konjunktivistische Geschichte an, die dem Kunden/der Kundin die Möglichkeit einräumt, »Nein!« zu sagen, denn »›Nein‹ ist grundlegend« (Andersen 1990, S. 46).

Aus unserer Perspektive könnte dies einen weiteren Unterschied implizieren: Andersens Imperativ (»›Nein‹ ist grundlegend«) ließe sich übersetzen in »die *Möglichkeit* des ›Nein‹ ist grundlegend!« Dies könnte Alternativen eröffnen: zustimmen, zurückweisen oder etwas offen lassen (Loth 1997). All dies verweist auf das, was ich für Therapie als grundlegend verstehe: Alle eigenen Möglichkeiten nutzen, um zu einem Punkt zu kommen, wo du wählen und aussuchen kannst, das heißt du musst entscheiden – und jede Entscheidung wird *Konsequenzen* nach sich ziehen. So gesehen ließe sich Therapie als soziales Unternehmen definieren, das darauf abzielt, einer Kundin/einem Kunden zu helfen zu wählen und auszusuchen, also zu entscheiden und die Konsequenzen zu tragen. Aus dieser Perspektive ließen sich Probleme als eine Art Widerspruch sehen: Wir wollen *diese* Entscheidung, aber wir wollen *nicht diese Konsequenzen* oder, um Efran et al. (1992, S. 196) zu

---

3 Ich bevorzuge, von Konjunktiv und konjunktivistisch zu schreiben und nicht von subjektiv und subjektivistisch, weil der Bezug zum Konjunktiv eine für mich deutlichere Handlungsmöglichkeit beinhaltet.

zitieren: »Die Menschen wollen weiterhin das haben, was sie ersehnen, hoffen aber, die Kosten irgendwie verringern zu können.«

> Bateson (1982) hat immer wieder darauf hingewiesen, dass jede Wahrnehmung auf Unterschieden beruht, wir demgegenüber allerdings in unserer Sozialisation stärker auf Werte wie Einigkeit, Gemeinsamkeit fokussieren, so dass ein Wertschätzen, Respektieren und Nutzen von Unterschieden eher ungewöhnlich scheint.

Wenn wir in der Praxis eine andere Sicht »vorschlagen«, so heben wir sehr hervor, dass es sich um *unsere* Sichtweise handelt, und deshalb sprechen wir *konjunktivistisch*. Ich möchte diese beiden Arten zu sprechen gegenüberstellen.

Indikativ	Konjunktiv
Wenn ich dem zuhöre, was Sie mir erzählen, dann habe ich den Eindruck, dass Sie sehr leiden. Was Sie Depression nennen, führt bei mir zu der Vorstellung, welche Stärke Sie hatten, um zu überleben. Ich überlege mir gerade, ob ich von Depression sprechen soll oder ob ich es ein hartes und schweres Leben nenne.	Wenn ich dem zuhöre, was Sie mir erzählen, könnte ich den Eindruck bekommen, Sie würden sehr leiden. Was Sie Depression nennen, könnte bei mir zu der Vorstellung führen, welche Stärke Sie gehabt haben könnten zu überleben. Ich würde überlegen, ob ich von Depression sprechen würde oder ob ich es ein hartes und schweres Leben nennen würde.

Auch wenn der Unterschied klein zu sein scheint, so zeigt unsere Erfahrung in Therapie, Fortbildung und Supervision, dass dieser kleine Unterschied sehr unterschiedliche Konsequenzen haben könnte. Wir haben bemerkt, dass Kund(inn)en es leichter finden, unsere Geschichte zurückzuweisen, einfach »Nein!« zu sagen, wenn wir unsere Erfahrungen und Ideen mit einer *konjunktivistischen Stimme* vorstellen. Sprache ist zu einem sehr wichtigen und wesentlichen Werkzeug in unserer Arbeit geworden und wir verwenden sie sehr sorgfältig und aufmerksam.

In Fortbildungen geben wir Rückmeldungen über das Verwenden konjunktivistischen Sprechens, und wir haben dazu Übungen entwickelt. Zum Beispiel bitten wir eine Person, ihre Geschichte zu erzählen. Dann bitten wir zwei oder drei Teilnehmer/innen die Geschichte in ihren eigenen Worten nachzuerzählen, andere Bedeutungen zu konstruieren und nur konjunktivistisch zu sprechen. In einer anderen Übung bitten wir Teilnehmer/innen jeden Satz konjunktivistisch zu wiederholen. Der erste Eindruck ist meist ein wenig Unbehagen, aber die Reaktion der Kunden (oder Teilnehmer, die an dieser Übung als Kunde/Kundin teilnimmt) hilft, dieses Unbehagen zu bewältigen.

Ganz egal, wie merkwürdig (im Sinne von ungewöhnlich) diese Art zu sprechen anfangs auch erscheinen mag, die Reaktionen der Kund(inn)en und der Teilnehmer/innen weisen auf positive Konsequenzen. Sie berichten, dass sie sich besser fühlen und dass sie besser zuhören können. Die Begriffe, die wir verwenden, lauten *indikativisch sprechen* und *konjunktivistisch sprechen*.

Dialogisieren oder konjunktivistisch sprechen verweist auf eine andere wichtige Idee: Leben ist kein »Ding«, sondern ein »ständig fließender Prozess«. Deshalb bemühen wir uns auch, eine Sprache zu verwenden, die sich mehr auf Prozesse als auf Dinge zu beziehen scheint – wir ziehen *Verben* den Substantiven vor. Wenn möglich, sprechen wir in Verben und nicht in Substantiven und versuchen, damit gut zurechtzukommen. Wir meinen, dass uns dies hilft, unsere Orientierung (Rahmen) darauf zu behalten, *Möglichkeiten zu ko-konstruieren, anstatt Wirklichkeit festzuschreiben.*

Diagnostische Schemata arbeiten sprachlich meist mit einer Festschreibung durch »*sein*« oder »*haben*«. Eine Person »ist« auffällig oder »hat« auffällige Symptome. Beschreibungen, dass jemand sich so »*zeigt, als ob*« gelten demgegenüber kaum als »richtige« Diagnose, obwohl eine solche Beschreibung eher dazu beitragen dürfte, Etikettierungen und Zuschreibungen zu verflüssigen. Auch *Externalisierungen* (Epston u. White 1990), der Versuch, Person und Problem zu trennen, gelten traditionell nicht als angemessene Diagnose. Das Konzept des »Selbst«, des »Individuums«, das gleichsam Sitz aller Kennzeichen der Person ist, scheint sich hier eher verfestigend auszuwirken.

Deshalb sind wir auch der Auffassung, dass es in Therapie keine *Kooperation* gibt, sondern nur *kooperieren*. Man kann so etwas wie »Kooperation« nirgendwo kaufen – man kann nur versuchen, einen Rahmen zu schaffen, in dem Kooperieren auftritt und der dann immer und immer wieder herzustellen und aufrechtzuerhalten ist. Einen Rahmen zu schaffen, in dem Kooperieren auftritt, garantiert nämlich nicht, dass Kooperieren bestehen bleibt – man muss sich immer und immer wieder darum bemühen. Die Worte, die wir verwenden, mögen Hinweise auf unsere Vorannahmen geben. Das hat uns dazu gebracht, Worte zögernd und vorsichtig zu verwenden, Verben zu gebrauchen und konjunktivistisch zu sprechen.

All dies erinnert uns an Bruners (1986, S. 51, Hervorhebung i. Orig.) Behauptung: »Menschen, das wissen wir, sind unendlich fähig zu glauben. Deshalb ist es schon überraschend, daß sie nicht als *Homo credens* beschrieben worden sind.« Für mich ist dies ein Hinweis, was *Möglichkeit* und *Narrative* bedeuten: Sie sind die Kompetenzen und Ressourcen von Menschen, *an die Geschichten, die sie erzählen, zu glauben*, an die Geschichten zu glauben, die ihnen erzählt werden, und an die Geschichten zu glauben, die noch erzählt werden.

Alles fängt mit einem Anfang an

Wenn wir mit einer konstruktivistischen Linse arbeiten, dann halten wir es für wichtig, den Boden oder die Bühne zu bereiten, also von Anfang an überaus aufmerksam und sorgfältig zu arbeiten. Da wir Therapie als ko-evolvierendes Unternehmen verstehen, sind wir auch mitverantwortlich, es auf eine solche Weise zu gestalten, dass eine »hoffnungsvolle Geschichte« (Howard 1989, S. 141) auftaucht. Ganz zu Anfang richten wir unsere Aufmerksamkeit gern auf zwei Aspekte:
1. *einen kooperativen Rahmen zu konstruieren*;
2. *uns auf Ressourcen und Stärken zu orientieren*.

Dazu nutzen wir unsere Fertigkeiten als »Gesprächskünstler« (Anderson u. Goolishian 1992, S. 178). Nach meinem professionellen (Selbst-) Verständnis ist es unsere Aufgabe, Kund(inn)en zu helfen, sich der Welt, die sie konstruiert und die sie in den Therapieraum geführt hat, bewusster und klarer zu werden. Auch wenn wir glauben, dass jede Konstruktion in Hinblick auf ein Beschreiben von »Wirklichkeit« als gleich zu sehen ist, so betrachten wir nicht jede Konstruktion als gleich wünschenswert. Es handelt sich dabei für mich um den Unterschied von *gleich gültig* (zwei Worte) und *gleich wünschenswert*.

Kommunikationstheoretisch wäre es möglicherweise hilfreich, sich daran zu erinnern, dass eine Abfolge von Interaktionen – von Anfang bis Ende – eine Interpunktion, eine Interpretation, also eine Art Kausalkette darstellt, die sich auch anders darstellen ließe.
Kriz (1997) etwa verändert den Nörgeln-zurückziehen-Kreislauf, den Watzlawick et al. (1969) beschreiben: Statt die Opfer-Perspektive anzulegen: »ich ziehe mich zurück, weil mein Frau nörgelt bzw. ich nörgele, weil mein Mann sich zurückzieht«, legt Kriz eine Täter-Perspektive an: »Ich ziehe mich zurück, damit meine Frau nörgelt bzw. ich nörgele, damit mein Mann sich zurückzieht.«
Loth (1997) ergänzt, indem er vorschlägt, Begriffe wie *obwohl* oder *trotzdem* zu verwenden.

Jede Konstruktion geschieht in einer Gemeinschaft und das Zusammenpassen von Weltsichten (in einer bestimmten Gemeinschaft) führt zu bestimmten Konsequenzen. Was wir deshalb beabsichtigen, ist, Weltsichten, die Menschen zur Therapie (mit-)bringen, respektvoll infrage zu stellen und zu hinterfragen, um so dabei mitzuwirken, dass sie andere Welten konstruieren, die »besser« zu den Zielen, die sie anstreben, passen *könnten*. Im Folgenden möchte ich daher unsere Eröffnungen und ersten Anknüpfungen vorstellen.

Rahmen

Jede Konversation findet in einem bestimmten Kontext statt, der die Bedeutung jeder einzelnen Verhaltensweise definiert. Denken Sie an eine mündliche Prüfung und eine Therapiesitzung. In beiden Situationen sehen Sie mindestens zwei Menschen mit bestimmten Rollen: Eine Person befragt die andere, aber die Fragen (selbst wenn sie identisch sein sollten) transportieren unterschiedliche Bedeutungen. Im ersten Fall beziehen sie sich darauf, herauszufinden, wie gut Sie sind und wie viel Sie wissen, im zweiten beziehen sie sich darauf, hilfreiche Geschichten hervorzubringen. Natürlich ließen sich leicht noch weitere Unterschiede beschreiben. Was wir allerdings im Auge behalten sollten ist, dass jede Person, die beteiligt ist, immer nach Bedeutungen sucht, und so gesehen ist *rahmen eine Einladung*, eine bestimmte Bedeutung anzuerkennen. Aus meiner Sicht verstehe ich Rahmen als aller erste Aktivität der Therapeutin/des Therapeuten, um eine optimale Begegnung zu entwickeln und zu gestalten. Dabei gilt natürlich immer die »Regel«, dass solches Gestalten ein Mit-Gestalten ist, ein wechselseitig bezogener Prozess im Sinne des *Beisteuerns* (Loth 1998, S. 41f.).

Rahmen umfasst in meinen Augen einige miteinander verbundene Aktivitäten, die in Abbildung 1 (Albers u. Hargens, o. J.) zusammengefasst werden.

Für mich sind die folgenden Aspekte wichtig:
– die Kundin/den Kunden respektieren,
– einen Kontext des Kooperierens schaffen,
– grundlegende Regeln aushandeln,
– sich um das Wohlbefinden kümmern.

Da diese Aspekte persönliche Fertigkeiten und persönliches Können umfassen, gibt es keine festen Regeln, *wie* dies zu tun ist, sondern ich sollte demgegenüber *was* ich tue sehr aufmerksam bleiben. Im Folgenden will ich Ihnen berichten, wie ich rahme:

Ich begrüße die Kundin/den Kunden persönlich an der Tür, begleite sie/ihn ins Arbeitszimmer und biete ihr/ihm an, sich den Platz auszusuchen, an dem sie/er sich am wohlsten fühlt. Treffe ich Leute in ihrer eigenen Wohnung, stelle ich mich vor und warte, bis

Reflektierende Positionen

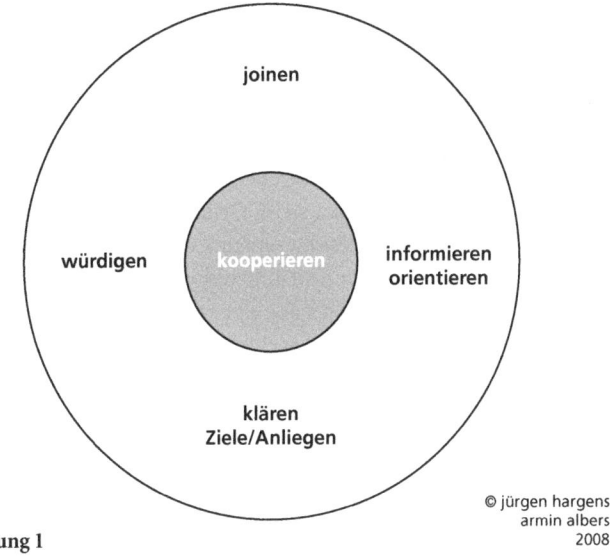

Abbildung 1

© jürgen hargens
armin albers
2008

sie mich bitten einzutreten. Ich folge dann und schaue mich zugleich um und gebe dabei nonverbale anerkennende Signale. Ich setze mich nur dann, wenn mir ein Platz angeboten wird, wobei ich frage, ob es bestimmte Sitz-Regeln gibt, denn oft haben Familienmitglieder »ihren« Platz und ich möchte keinen solchen *besetzen*.

Nachdem wir sitzen, frage ich meist nach Erfahrungen mit Psycholog(inn)en, Psychotherapeut(inn)en oder »Psychos« – wobei ich darauf achte, die Sprache und Ausdrucksweise der Kunden zu treffen und dieser zu entsprechen. Ich bemühe mich, das Vokabular der Kunden genau und präzise zu verwenden und in der Sprache der Kunden[4] zu reden. Dann beziehe ich mich auf »Gefühle«, da es sich um eine unbekannte und unsichere Situation für die Kunden handeln kann.

---

4 Hier beziehe ich mich auf den Aspekt der »*Verständlichkeit*«, d. h., ich bemühe mich, »verständlich« zu reden, indem ich Fremdworte oder Fachjargon vermeide.

> Bei der Definition von *Gefühl* folge ich Efrans et al. (1992) Beschreibung, die »Gefühle als körperliche Präpositionen [verstehen], die der Handlungsbereitschaft zugrundeliegen, sie unterstützen und hervorbringen … Nach dieser Definition bestehen fortwährend Gefühle … *Gefühl*, so wie wir es definieren, ist nicht etwas, das kommt und geht oder nur in Verbindung mit einigen wenigen Aktivitäten steht. Gefühl ist immer bei uns, denn unser System ändert ständig seinen Zustand in Verbindung mit sich ändernden inneren und äußeren Umständen … Jeder ›rationale‹ Akt reitet huckepack auf einer darunterliegenden emotionalen Prädisposition, selbst wenn diese Prädisposition nicht bemerkt oder in Sprache ausgedrückt wird« (S. 208f.).

Ich sage ausdrücklich, dass ich es wichtig finde, auf das eigene Wohlergehen zu achten und benenne eine grundlegende Regel: »Da wir alle ja gut erzogen sind, beantworten wir gewöhnlich auch jede Frage, die uns gestellt wird. Das gilt hier nicht! Ich stelle viele Fragen, aber Sie sollten sich immer gut überlegen, ob Sie auch antworten möchten. Wenn Sie lieber nicht antworten möchten, dann sagen Sie das einfach. Ich erzähle auch nicht gleich jedem oder jeder alles und manchmal ist es auch gut, einiges für sich zu behalten. Das macht es dann leichter. Ich frage trotzdem weiter, und wenn Sie wieder nicht antworten möchten, dann sagen Sie das einfach wieder: ›Ich möchte dazu nichts sagen.‹ Ich weiß das zu schätzen, denn ich sage mir dann, prima, da sorgt jemand sehr gut für sich und das macht es mir dann auch leichter.« Dieses Vorgehen führt oft zu einer sichtbaren Erleichterung aufseiten der Kundin/des Kunden, wobei er oder sie sich zurücklehnt oder lächelt.

Aus einer narrativen Position heraus könnte ich sagen, dass *rahmen* eine Art Einleitung für die Geschichte darstellt, die folgen wird – und die Einleitung sollte eine Leser/in oder Zuhörer/in anregen, mehr von der Geschichte erfahren zu wollen. Deshalb halte ich *rahmen* für eine grundlegende Idee eines narrativen Ansatzes, denn es vermag Neugier und Interesse der Menschen zu steigern, was wesentliche Zutaten für Engagement, Beteiligung, gute Geschichten und Hoffnung sind.

Und dann fahre ich fort, indem ich entweder nach der Zuweisung frage (Wer hatte die Idee, hierher zu kommen und wieso?) oder indem ich eine der Eröffnungsfragen stellen, die sich auf das beziehen, was die Kundin/der Kunde erreichen möchte.

Eröffnungsfragen

Es ist für mich eine Grundregel, dass *ich* die erste Frage stelle. Das ist inzwischen zu unserem Standard geworden: *Die erste Frage stellen wir!* Das ist uns wichtig, weil wir die Wirklichkeit – auch in der Therapie – durch Sprache (mit-) gestalten. Der Anfang rahmt das, was folgt, und wir versuchen von Anfang an, einen kooperativen und zieldienlichen[5] Rahmen herzustellen oder daran mitzuwirken. Das heißt nun nicht, dass wir glauben würden, wir könnten einseitig zielgerichtet beeinflussen. Wir setzen einfach unsere Fertigkeiten ein, einen hilfreicheren Rahmen für ein Zusammenarbeiten zu konstruieren. Aus dieser Perspektive haben sich für uns einige hilfreiche Eröffnungen ergeben.

Zunächst möchte ich Ihre Aufmerksamkeit gern auf mindestens fünf Aspekte lenken: (1) Fragen zielen darauf ab, Platz und Raum für mehr als nur eine Antwort zu öffnen; (2) Fragen fokussieren stärker auf positive und/oder überraschende Aspekte, *ohne* Probleme oder negative Beschreibungen zu entwerten; (3) Fragen verwenden den Bezugsrahmen der Kundin/des Kunden; (4) Fragen beziehen sich mehr auf Zukunft und Erwartungen, und (5) Fragen schließen persönliche Bedeutungen ein und geben Kunden die Verantwortung bzw. lassen diese bei ihnen. Wenn Sie nun die Beispiele lesen, könnte es nützlich sein, daran zu denken, dass jede Frage auch Raum für Implikationen und Intentionen lässt, jede Frage sich als eine Einladung verstehen lässt, und Sie können sich niemals sicher sein, ob Ihr *Gast* (Kundin/Kunde) diese Einladung annehmen oder ausschlagen möchte.

---

5 In der Zusammenarbeit mit meinem Kollegen Armin Albers (Niebüll) habe ich gelernt, den Begriff *nützlich* durch *zieldienlich* zu ersetzen, denn letzterer fokussiert für mich immer wieder darauf, dass *Therapie ein zielgerichtetes Unternehmen* ist: das Ziel, das die Kundin/der Kunde erreichen möchte, zu erreichen, um dann die Arbeit zu beenden.

Beispiele[6]

Wie ist es Ihnen ergangen, seit Sie hier angerufen hatten?
• Kommentar: Dies ist eine sehr offene und breite Frage, die zu Antworten in unterschiedlichen Richtungen einlädt. Da die Frage nicht sehr spezifisch ist, gibt sie sowohl Raum, ein umfassendes Bild zu geben, wie sie auch Kund(inn)en zu Antworten einlädt, von denen diese annehmen, sie seien in der Therapie »angemessen«.

Was können wir heute für Sie tun?
• Kommentar: Diese ist eine unserer »Lieblingsfragen«, denn sie gibt Raum und Platz für jede Antwort, wie sie auch die Annahme infrage stellt, es sei immer klar, wann und weshalb jemand zur Therapie geht. In unserer Nachuntersuchung (Hargens 1994) haben sich viele Kund(inn)en an eben diese Frage erinnert, die sie mochten (»Ich musste entscheiden, was ich sagen wollte, wo ich hin wollte und was ich überhaupt wollte«) und nicht mochten (»Es fiel mir schwer, herauszufinden, was Sie für mich tun könnten«).

Welche Frage möchten Sie, dass wir sie Ihnen heute zuerst stellen?
Worüber möchten Sie heute mit uns sprechen?
Welche Frage müssten wir Ihnen heute als erste stellen, so dass Sie sicher sind, dass die heutige Sitzung
– produktiv
– gut anfangen
– in eine nützliche Richtung gehen wird?

Welche Ideen haben Sie, was heute hier passieren könnte oder sollte?
• Kommentar: Alle diese Fragen haben die Intention, der Kundin/dem Kunden zu helfen, den Bereich zu bestimmen, in dem sie oder er vorankommen will. Sie dienen auch als eine Möglichkeit, die Kunden auf das zu orientieren, worüber sie sprechen möchten

---

6 Diese Fragen wurden an anderer Stelle veröffentlicht (Hargens 1996). Der erweiterte Nachdruck erfolgt mit freundlicher Genehmigung.

und was sie zu antworten bereit sind. Diese Fragen lassen auch der Therapeutin oder dem Therapeuten Raum und Zeit, selbst nachzudenken, während sie auf eine Antwort wartet.

Was ist an Positivem passiert, seit Sie hier angerufen haben?
Was ist passiert, was Sie überrascht hat, seit Sie hier angerufen haben?
Was hat sich irgendwie oder ein bisschen positiv verändert, seit Sie hier angerufen haben?
Wem aus der Familie ist es am besten gegangen, seit Sie hier angerufen haben?
• Kommentar: Alle diese Fragen heben positive Ergebnisse hervor, Ausnahmen oder Zeiten, wo das »Problem« »kleiner« oder »weniger belastend« war, ohne das Problem allerdings zu entwerten. Im Gegenteil: Sie fügen einer eher negativen Beschreibung einige positive Aspekte (Möglichkeiten) hinzu.

Wenn wir heute nach etwa einer Stunde auseinandergehen, was müsste dann für Sie anders/passiert sein, dass Sie sagen, es war nützlich/hilfreich/gut?
• Kommentar: Diese Fragen richten sich darauf, Ideen darüber, was die Kundin/der Kunde erwartet, was hilfreich ist, leichter zugänglich zu machen, und sie orientieren den/die Therapeut/in auf hilfreiches Verhalten und säen die Idee, dass Therapie ein Ende, einen Abschluß haben wird und auch nur eine Sitzung dauern könnte (Hoyt 1994b; Talmon 1990).

Was müßte (noch) alles passieren, dass dies heute die letzte Sitzung wird?
• Kommentar: De Shazer (1989a, 1996) sagt, es sollte immer ein sehr konkretes und spezifisches Verhalten sein, das anzeigt, wann die Therapie erfolgreich beendet ist. Wir haben gemerkt, dass es hilft, diese Frage zu stellen, um den Bereich eines »Lebens nach der Therapie« zu betreten. Diese Frage ist dann besonders produktiv, wenn eine Kundin/ein Kunde der Ansicht ist, Therapie wäre ein Langzeit-Unternehmen, oder wenn es sich um Kund(inn)en handelt, die nicht freiwillig kommen und zum Beispiel einer (gerichtlichen) Therapieauflage folgen.

Wenn Ihr Problem gelöst wäre, was würde ich an Ihnen bemerken, was anders wäre?

• Kommentar: Diese Frage ist eine kleine Variante wohlbekannter Fragen aus der lösungsorientierten Arbeit. Als Eröffnungsfrage kann sie helfen, sich auf ein Ergebnis in konkreten Begriffen zu orientieren.

Was haben Sie sich selbst Gutes getan, seit Sie hier angerufen haben?
Was erwarten Sie heute von uns?
Was erwarten Sie heute von sich selbst?

• Kommentar: Diese Fragen betonen sowohl mögliche Beiträge der beteiligten Personen für ein positives Ergebnis des Treffens wie auch relationale (interaktive) Aspekte des Problems.

Eine weitere, bekannte Frage ist die *Wunder-Frage* (Berg 1992; de Shazer 1989b). Wir haben mit einer Frage experimentiert, die wir *Lösungs-Frage* nennen (Hargens u. Dieckmann 1994) und die wir auch als Eröffnungsfrage benutzen:

Ich könnte mir vorstellen, dass Sie, wenn Sie Ihr Problem hier beschreiben würden, eine Überschrift, einen Titel dafür finden könnten – also eine Überschrift für das Problem. – Mich würde jetzt interessieren, welche Überschrift Sie Ihrer Lösung geben würden?

• Kommentar: Nach unserer Auffassung fasst diese Frage die wesentlichen Ideen eines sozial-konstruktionistischen Ansatzes gut zusammen, indem sie nach einem Titel (für eine Geschichte) sucht, die ein positives Ergebnis bevorzugt und Kunden Kompetenzen und Möglichkeiten zuschreibt.

»Soziale Wirklichkeiten«

Aus unserer Sicht sollten wir uns immer vergegenwärtigen, dass wir nicht außerhalb der Gesellschaft arbeiten. Wir sind ein Teil der Gesellschaft und werden dementsprechend von deren verschiedenen Diskursen beeinflusst. Rassismus, Unterdrückung, Gender, Missbrauch, Gewalt und Arbeitslosigkeit sind Faktoren, die wir

Reflektierende Positionen

nicht ignorieren können, wenn Kund(inn)en sie mit sich bringen, oder wenn sie in unsere Gedanken beeinflussen. *Aber*: Die Konversation darüber sollte dieselbe Form wie jede andere Konversation annehmen. Es ist ein *Sprechen über* Konstruktionen, die für die Menschen, die darüber sprechen, gültig sind. Wir müssen sie deshalb respektieren und würdigen.

In einem lösungsorientierten Rahmen könnte es passieren, dass Probleme nicht (mehr oder angemessen) anerkannt und gewürdigt werden. Probleme »sind« Probleme, solange Kunden sie als »Probleme« sehen. Wir sollten sorgsam darauf achten, nicht nur und ausschließlich Lösungen zu favorisieren und durchzusetzen. Wir bevorzugen eine Auffassung, die Abstand nimmt vom *Entweder* (Probleme)-*oder* (Lösungen). Wir ziehen ein *Sowohl* (Probleme)-*als-auch* (Lösungen) vor. So gesehen schätzen wir das Problem, ohne es festzuschreiben, und wir suchen nach *ergänzenden* Aspekten (wie etwa Ausnahmen oder Wundern), die jedem Problem *hinzugefügt* werden können. Umdeuten wäre eine Möglichkeit: Einer eher zu Inkompetenz neigenden und stärker hoffnungslosen Geschichte Kompetenz und Hoffnung *hinzufügen*.

Wenn mein Gegenüber »leidet«, ein »Problem hat«, dann *erlebt* er/sie dies – und Erleben bleibt immer eine subjektive Kategorie, die von außen per definitionem *nie* widerlegt oder falsifiziert werden kann. »*Erfahrung* [oder Erleben, J. H.] *ist konstitutiv instruktiv oder lineal*« (Dell 1986, S. 112), erst Beschreibungen und Erklärungen, also Operationen eines Beobachters in Sprache, verändern – allerdings nie die Erfahrung, sondern nur das *Sprechen über* Erfahrung.

Um auf das Beispiel »Depression« zurückzukommen, könnten wir hier eine Person finden, die trotz der »Depression« weiterhin ihre alltäglichen Pflichten erfüllt. Diese Stärke und Zuverlässigkeit könnten wir der eher negativen Geschichte *hinzufügen* und so (vielleicht) einen nützlichen/zieldienlichen Unterschied hervorbringen.

> Für mich ist der hier beschriebene Unterschied – etwas positiv sehen vs. einen positiven Aspekt hinzufügen – bedeutsam: Es geht eben nicht darum, das Unangenehme, das Leiden, die Schwere verschwinden zu lassen wie durch einen Zaubertrick. Es geht darum, mögliche weitere und eher positive Aspekte aufzuzeigen. Die Entscheidung darüber, ob und in welchem Maße diese *zusätzlichen* Aspekte sinnvoll sind, bleibt der Kundin/dem Kunden überlassen.
>
> »Wir sollten KlientInnen zeigen, daß wir ihr Leiden, ihre Sorgen, ihre Gefühle und ihre Ansichten gehört und verstanden haben, ohne daß Möglichkeiten der Änderung dadurch aus- oder abgeschlossen werden« (O'Hanlon u. Beadle 1998, S. 21).

So gesehen, stellt *Respektieren* die Grundlage unserer Arbeit dar. *Wir respektieren alles, aber wir akzeptieren nicht alles!* Das ist in meinen Augen ein entscheidender Unterschied (Hargens 1995). Ein Beispiel: Ein Vater hat seine Tochter sexuell missbraucht (Übergriff). Wir *respektieren* den Vater, aber wir *akzeptieren nicht das, was er getan hat*. Beachte ich meinen inneren Dialog und nutze konjunktivistisches Sprechen, so könnte ich laut und öffentlich darüber sprechen:

Aus meiner Sicht könnte ich vielleicht einige Gründe finden für das, was Sie getan haben – Ihre Tochter sexuell missbraucht zu haben. Ich könnte vielleicht sogar eine Entschuldigung dafür finden – na ja, hat sie nicht selbst »Ja« gesagt, sie mochte es doch, es hat doch nicht weiter geschadet. Andererseits, wenn ich mir selbst zuhöre, kann ich nur laut und deutlich »Nein!« sagen, wenn es um sexuellen Missbrauch der Tochter geht. Deshalb suche ich nach einer Möglichkeit, wie ich für Sie irgendwie hilfreich und unterstützend sein kann. Ich bitte Sie am besten selbst, mir zu helfen, Ihnen zu helfen. Was sollte ich Ihrer Meinung nach tun?

Das ist nicht einfach oder besser: nicht leicht. Wir versuchen, die Verantwortung dorthin zu stellen und dort zu belassen, wo sie hingehört: beim Vater. Manchmal fällt es schwer, den Unterschied zwischen *respektieren* und *akzeptieren* zu erfassen.

»Wir bemühen uns in Hinblick auf ›Respekt‹ sehr genau zu sein. Auch wenn wir anderer Meinung sein sollten als die KlientIn, andere Werte und Vorannahmen haben, verlassen wir uns darauf, die unterschiedlichen Sichtweisen zu respektieren. Wir sprechen über unsere Ideen, unsere Fragen, unsere Befürchtungen und so weiter, um so der KlientIn Raum und Freiheit zu geben, ihre Welt/Wirklichkeit ganz anders zu sehen. Uns scheint dies eine logische Konsequenz von radikalem Konstruktivismus wie sozialem Konstruktionismus zu sein: Es kann viele unterschiedliche Welten, Weltsichten und Bedeutungen geben, die alle gleich gültig [in zwei Worten, J. H.] sind, auch wenn sie nicht unbedingt gleich wünschenswert sein mögen« (Hargens u. Grau 1994b, S. 456).

Diese Haltung ähnelt weitgehend den Ideen, die mit *Externalisieren* und dem *Veröffentlichen innerer Dialoge* verbunden sind: der *Trennung von Person und Problem* (Freeman et al. 2000).

Gender-Fragen[7]

In Fortbildungen werden wir immer wieder gefragt, wie wir mit dem Thema Gender umgehen. Wir verwenden einige spezifische Fragen. Diese Fragen sind kein festes Repertoire, das man einfach benutzt. Sie sollten immer nur so eingesetzt werden, dass sie zu einem Kontext passen. Ich möchte hier nur einige Beispiele geben:
- Was, denken Sie, zeichnet Sie als gute Mutter/guten Vater/gute Ehepartner/in aus?
- Wenn Sie Ihre Attraktivität beschreiben würden, was und wie würden Sie sagen?
- Wenn ich ein Mann/eine Frau wäre, wie würden Sie die Fragen dann beantworten?
- Wenn ich Sie nicht sehen könnte, wie und woran würde ich dann erkennen, dass Sie eine Frau/ein Mann sind?
- Wenn Sie sich jetzt entscheiden müssten, als Mann/als Frau

---

[7] Diese Fragen wurden an anderer Stelle veröffentlicht (Hargens 1996). Der Nachdruck erfolgt mit freundlicher Genehmigung.

weiterzuleben – was würde den Ausschlag für Ihre Entscheidung geben?
- Wenn Sie sich jetzt entscheiden müssten, als Mann/als Frau weiterzuleben – was würde sich dann in Ihrem Leben verändern?
- Angenommen, Sie wären keine Frau/kein Mann, sondern ein Mann/eine Frau, wie würden Sie Ihr Problem dann beschreiben?
- Angenommen, Sie wären keine Frau/kein Mann, sondern ein Mann/eine Frau, wie würden Sie Ihr Problem lösen?
- Wenn Sie sich 3 (oder 5 oder 7) Eigenschaften oder Verhaltensweisen aussuchen könnten vom anderen Geschlecht, welche würden Sie dann gern für sich auswählen?
- Wenn Sie sich drei Eigenschaften oder Verhaltensweisen aussuchen könnten, die Ihnen bei sich als Frau/Mann nicht gefallen und die Sie gern abgeben würden, welche wären das dann?

Mit reflektierenden Positionen spielen

Im Wesentlichen bevorzugen wir offene Fragen und weniger Ja/Nein-Fragen.[8] Und wir selbst betreten auch die Bühne, indem wir uns auf *unsere* Perspektiven und Betrachtungsweisen beziehen. Wir fragen Kund(inn)en danach, was sie meinen, was wir erkennen und sehen. In diesem Sinne nutzen (utilisieren) wir die interaktive Natur der therapeutischen Begegnung. Das heißt nun natürlich nicht, dass wir versuchen, unsere Auffassung durchzusetzen. Wir sollten uns immer klar machen und daran erinnern, dass es unsere Auffassung ist und nur eine aus der unüberschaubaren Vielfalt möglicher. Die Kunden sollen für sich selbst entscheiden, was für sie am nützlichsten/zieldienlichsten sein könnte. Das ist keine leichte Aufgabe, weil wir leicht dazu verführt werden, an die Überlegenheit unserer Geschichte zu glauben.

---

8 Ja/Nein-Fragen haben insbesondere ihren Nutzen, wenn es darum geht, Anschluß und Ankopplungsmöglichkeiten zu erarbeiten. Die Literatur zur Hypnotherapie bietet dazu viele Beispiele.

Eine Möglichkeit, mich daran zu erinnern, besteht darin, meine eigenen Formulierungen sehr genau zu überdenken: Wechsle ich zum Indikativ, könnte das ein Hinweis darauf sein, dass ich auf dem Weg dahin zurück bin, an die Überlegenheit meiner Geschichte zu glauben. Dabei hilft es hilft meistens, diese Gedanken zu veröffentlichen.

Mir hat beispielsweise die Vorstellung sehr geholfen, dass ich – insbesondere, wenn ich in den Wohnungen der Kunden arbeite, was bei mir oft der Fall ist (Hargens 1993b) – mir darüber klar werde, dass ich nicht nur »Therapeut« bin, sondern zugleich auch *Gast*, »in ihren Wohnungen wie auch in ihren Geschichten« (Hargens 1992, S. 14).

Therapie »ist« daher eine riskante und persönliche Angelegenheit, da wir persönlich daran beteiligt sind, und deshalb sollten wir uns aus dem Geschäft des »Kolonialismus« heraushalten (Hoffman 1996, S. 124).

> Lynn Hoffman (1996, S. 124) schreibt über »die Idee der kolonialen TherapeutIn. Ich betrachtete den familientherapeutischen Diskurs und die Machtbeziehungen genauer, die die Beziehung zwischen Fachleuten und der Familie kennzeichnen. TherapeutInnen wie auch EthnografInnen alten Stils verhalten sich oft wie Kolonialoffiziere und wirken ›nach unten‹, wenn sie mit Menschen arbeiten. Wie können wir lernen, ›nach oben zu wirken‹?«

Sie erinnern sich sicher, dass ich meist über Sprache, Fragen, Implikationen und Einladungen geschrieben habe – über Geschichten als ein narrativer und konstruktivistischer Ansatz der Therapie. Die Becvars (1993, S. 155) haben dies mit ihrer Definition ein wenig anders und sehr anschaulich formuliert:
• Leben – die Geschichten, die wir leben;
• Psychopathologie – Geschichten, die verrückt wurden;
• Psychotherapie – Übungen, Geschichten zu reparieren.

Bei Efran (1996) heißt es: »Wie praktizieren wir Psychotherapie? Indem wir uns unterhalten [engl. »converse«], d. h. indem wir uns mit Fragen und nicht mit Heilen beschäftigen.« Deshalb glaube ich, dass es nützlich/zieldienlich sein kann, Therapie so zu praktizieren, dass wir mit reflektierenden Positionen spielen, sie fortlaufend ändern, weil *unterschiedliche Positionen unterschiedliche Perspektiven ermöglichen*, d. h., sie laden zu unterschiedlichen Geschichten ein. Deshalb suchen wir in Therapien danach, Wege zu finden, unsere Positionen zu verändern, um es zu ermöglichen, aus unterschiedlichen Positionen zu reflektieren. Das schützt auch davor, sich in die Geschichten zu verlieben, die man mag: verändern/spielen hilft, die Relativität und Vielfalt von Sichtweisen und Weltanschauungen wertzuschätzen. In diesem Sinne hat Therapie damit zu tun, mehr Geschichten hervorzubringen, alternativen Geschichten nachzuforschen oder, um Heinz von Foersters berühmten Satz zu verwenden: Therapie hat mit Ethik zu tun. Dies entspricht etwa Heinz von Foersters ethischem Imperativ: »Handle stets so, dass die Anzahl der Wahlmöglichkeiten größer wird« (1985, S. 41).

Reflektieren ist der Begriff, der im Moment am besten zu unseren Ideen von Narrativen, Geschichten und Weltanschauungen passt. Im Duden findet sich folgende Umschreibung des Begriffs: »(zu)rückstrahlen, widergeben, spiegeln; nachdenken, erwägen; in Betracht ziehen; Absichten haben auf etwas«. Um diese Aspekte zu berücksichtigen und mit ihnen zu arbeiten, war es uns hilfreich, die Position der Therapeutin/des Therapeuten als Position der »Neugier« (Cecchin 1991) oder des »Nicht-Wissens« (Anderson u. Goolishian 1990) zu definieren.

Ein Begriff, der für mich passender erscheint, lautet *unerschrockenes Respektieren* (Hargens 1995), denn er enthält zwei wichtige Aspekte: wir verstehen dies »als eine Haltung, die vom Respektieren unserer Gegenüber getragen wird, uns zugleich aber ermutigt, jede denkbare Frage als möglich zuzulassen« (Hargens 1995, S. 36).

Nach unserem Verständnis sollte deutlich geworden sein, dass wir nicht glauben, der/die Therapeut/in wisse nicht(s). Wir glauben, er/sie hat ein Wissen, aber nicht darüber, was der/die Kunde/Kundin weiß. Die Fachlichkeit, Kundigkeit und Professionalität von Therapeuten besteht darin, eine therapeutische Konversation zu gestalten (rahmen), das heißt mit reflektierenden Positionen zu spielen. Die Fachlichkeit, Kundigkeit und Professionalität der

Kunden besteht darin, zu wissen, was sie wollen, denken und glauben.
Dieses Verständnis hat zu einigen Ideen geführt, die Sitzung zu leiten, und ich möchte dazu noch einige Beispiele anführen. Wenn Sie im Rahmen dieser Haltung und Annahmen arbeiten, sollten Sie solche Ideen hervorbringen, die am besten *zu Ihnen* passen. In Fortbildungen sagen wir das etwa so: »Wie können Sie vermeiden, ein Original zu werden? Sie können es ganz einfach nicht – Sie sind (definitionsgemäß und einfach weil es Sie gibt) ein Original!« Deswegen ermutigen wir unsere Teilnehmer/innen, ihre Originalität zu entwickeln, indem sie sie (be-) nutzen!
Was also folgt sind einige Beispiele, mit denen wir experimentiert haben und die Ihnen vielleicht einige Ideen und Anregungen geben können. Wir möchten auch Sie ermutigen, die Formen zu finden, die am besten zu Ihnen passen – einfach weil »Therapie« eine sehr persönliche Angelegenheit ist.

Wenn ich die Idee der Kundigkeit auch auf mich anwende, dann erscheint es mir bedeutsam, darauf aufmerksam zu machen, dass ich definitionsgemäß niemand anderen kopieren kann: Ich bin und bleibe ein Original. Deshalb kommt es darauf an, mich als Original zu stärken.
Pete Seeger, ein US-Folk-Sänger, formulierte dies unter Hinweis auf Woodie Guthrie sehr pointiert: »Plagiism is basic to all culture!« – Es kommt eben darauf an, dies zu nutzen!

Offene Fragen stellen
Das klarste Format besteht darin, offene Fragen zu stellen. In der Literatur werden dafür so viele Beispiele genannt, dass ich hier nicht in weitere Einzelheiten gehen möchte (Tomm 1994; Hargens 1996).

Mit/zu sich selbst sprechen
Im Laufe einer therapeutischen Sitzung tauchen viele Ideen, Gedanken, Gefühle, Assoziationen auf (innerer Dialog), und wir sind der Ansicht, es könnte hilfreich sein, diese auch zu nutzen. Wenn ich allein arbeite, kann ich mich etwa folgendermaßen an die Kun-

din/den Kunden wenden: »Hm, also, mir laufen da so viele Dinge durch den Kopf ... und die würde ich gern aus meinem Kopf rauskriegen. Ich würde gern darüber nachdenken. Ich würde das gern so machen, dass ich einfach laut darüber nachdenke, dass ich sozusagen mit und zu mir selbst spreche. Sie könnten sich darüber wundern, wieso ich das so mache. Meine Erfahrung ist einfach die, dass es mir hilft, nicht in meinen vielen Ideen und Gedanken unterzugehen. Ich hoffe, es ist für Sie in Ordnung, einfach zuzuhören, was ich mir erzähle. Sie können mich natürlich jederzeit unterbrechen und sich einmischen. Ist das für Sie in Ordnung?«

Lautet die Antwort »Nein!«, so mache ich das natürlich auch nicht.[9] Heißt die Antwort »Ja!«, so wende ich mich ab, damit ich die Kundin/den Kunden beim lauten Nachdenken nicht ansehe und so nicht zu sehr von ihren nonverbalen Reaktionen beeinflusst werde. Ich beginne meist etwa so: »Hm, ja, also, wenn ich der Geschichte zuhöre, die Karl mir erzählt hat, dann könnte ich mich fragen, ob es Vorteile für Karl hätte, sich so zu verhalten, wie er sich verhält ...«

> Dies ist ein Hinweis darauf, dass auch nonverbales Verhalten dazu beiträgt, Rahmen zu rahmen – meine Körperbewegung, mein Zu- oder Abwenden, meine Blickrichtung wirken sich entsprechend aus.

Ich beende meine Konversation mit mir, indem ich einfach aufhöre zu sprechen und mich wieder der Kundin/dem Kunden zuwende. Entweder stelle ich dann eine Frage oder frage, ob sie/er etwas zu meinen Gedanken sagen oder anmerken möchte oder ob es in Ordnung ist, nichts dazu zu sagen. Manchmal mache ich auch nur eine Pause und warte. Der für mich wichtige Aspekt ist dabei, dass ich laut mit/zu mir selbst in konjunktivistischer Form spreche und *nicht* die Kundin/den Kunden persönlich und direkt anspreche,

---

9 In meiner Praxis habe ich es bisher noch nicht erlebt, dass ein Kunde oder eine Kundin »Nein!« gesagt hätte. Ich würde in einem solchen Fall fragen, welche Idee sie/er hätte oder wie sie/er mir helfen könnte, meinen Kopf wieder so frei zu bekommen, dass ich ihr/ihm wieder voll konzentriert zuhören könnte.

weshalb ich von ihr/ihm auch in der dritten Person rede. Dabei achte ich auch auf mein Wohlbefinden, weil dies für mich ein Indikator ist, ob und wie ich meine Gedanken veröffentliche.

Ich knüpfe nach Reflexionen immer so an Kunden an, dass ich sie frage, ob sie etwas zu meinen Gedanken sagen oder anmerken möchten, oder ob es in Ordnung ist, nichts dazu zu sagen. Dabei spielen zwei Überlegungen eine Rolle:
1. Mir geht es um Beschreibungen, nicht um *Bewertungen*. Die Frage, ob etwas »passend« war, stelle ich deshalb nie. Ich bin an den Beschreibungen der Kunden interessiert.
2. Mir ist wichtig, den Kunden ganz ausdrücklich die Option anzubieten, auch nichts dazu zu sagen. Das entspricht dem Rahmen meiner Arbeit – ich frage, aber das bedeutet nicht automatisch, dass eine Antwort unerlässlich ist.

Meta-Dialog

Wenn wir als Team zu zweit arbeiten, können wir unsere unterschiedlichen Perspektiven beim Reflektieren nutzen. Wir wenden uns einander zu und reflektieren miteinander in Anwesenheit der Kunden. Wir nennen dieses Vorgehen Meta-Dialog (Hargens u. Grau 1994b). Wir können alle Ideen und Gedanken nutzen, die in unserem jeweiligen inneren Dialog aufgetaucht sind. Meta-Dialog erleichtert diese Art, offen zu reflektieren, da zwei Fachleute anwesend sind, die sich gegenseitig Rückmeldungen geben können, was sich als großer Vorteil erwiesen hat, etwa dann, wenn wir den Eindruck haben festzustecken. Wir können leicht miteinander darüber sprechen, ohne den Kunden Schuld in die Schuhe zu schieben. Deshalb halten wir es für wichtig, uns von den Kunden weg und einander zuzuwenden. Dieses Abwenden bietet den Kunden die Möglichkeit, einfach nur zuzuhören, über alles Mögliche (auch anderes) nachzudenken oder einfach das zu tun, was ihnen gefällt. Dieses Vorgehen stimmt mit Andersens (1995) Idee überein, Reflektieren sei eine Option (1) zuzuhören, (2) den Geist wandern und es einfach geschehen zu lassen, (3) sich auszuruhen und/oder (4) etwas anderes zu tun (vgl. Hargens u. von Schlippe 1998, S. 213). Der Meta-Dialog ist auch ein Werkzeug, Ideen der Fachleute darüber wie die Sitzung weitergehen könnte zu besprechen. Natürlich wird die Kundin/der Kunde eingeladen mitzumachen, wenn sie es möchte.

Mit der Kundin/dem Kunden reflektieren
Wenn wir mit Kunden arbeiten, können wir sie einladen, mit uns gemeinsam zu reflektieren. Dabei spielt es keine Rolle, ob wir als Team zu zweit oder allein arbeiten. Eine mögliche Einladung könnte so aussehen: »Ich würde gern mit Ihnen über einige Ideen und Gedanken sprechen, die mir in den Kopf gekommen sind. Ich würde gern so mit Ihnen darüber sprechen, als ob Sie keine Kundin wären, sondern so, als ob Sie jemand wären, der dieses Treffen beobachtet hat. Wenn Sie unser Treffen beobachten würden, was würden Sie sagen, was bisher passiert ist?«

Eine andere Einladung könnte sich daraus ergeben, dass ich nicht weiß, ob und wie das Interview hilfreich gewesen ist: »Ich fühle mich ein bisschen unwohl und unsicher, deshalb würde ich mich gern mit Ihnen abstimmen und nachdenken. Ich würde gern Ihre Hilfe und Ihr Können dazu nutzen, für mich klarer zu bekommen, wie ich hilfreich sein könnte. Im Moment bin ich mir nicht sicher, ob das, was ich tue, überhaupt hilfreich wäre. Wenn Sie ich wären, was würden Sie tun, um sich zu helfen?«

> Da Positionen mit beeinflussen, was ich sehe und wahrnehme, fordere ich meine Kunden oft auf, den Platz zu wechseln, um so auch »positionell« den Wechsel zu markieren. Nach der Reflexion bitte ich sie wieder, den »alten« Platz einzunehmen.
> Ich habe in diesem Zusammenhang auch mit der Einwegscheibe experimentiert, indem ich den Kunden bat, sich vor die Einwegscheibe zu setzen, so dass sie/er sich gleichsam im Spiegel sehen konnte, um dann zu sich zu sprechen.

Mit abwesenden Personen reflektieren
Aus einer narrativen Perspektive betrachtet sind Welten mit Menschen bevölkert und Menschen spielen eine wichtige Rolle, Bedeutungen und Weltsichten zu formen. Wenn wir daher mit einer einzigen Person arbeiten, sind gewöhnlich andere beteiligt, die nicht

zwangsläufig anwesend sind. Da wir Welten konstruieren, ist es überaus einfach, diese Personen hereinzuholen. Meist haben wir mindestens einen Stuhl mehr im Zimmer als Personen anwesend sind. So können wir uns einem leeren Stuhl zuwenden und sagen: »Angenommen, Ihre Frau wäre hier und würde auf diesem Stuhl sitzen und ich würde sie fragen: ›Wie würden Sie das beschreiben, was Ihren Mann hierher gebracht hat?‹, was glauben Sie [den anwesenden Mann ansprechen und sich ihm auch zuwenden], würde sie antworten?« Ich wende mich wieder dem leeren Stuhl zu, schaue nur dorthin und warte, dass der Mann aus der Position seiner Frau heraus antwortet.

Mir ist dabei wichtig, bei der Antwort des Mannes und meinen möglichen weiteren Fragen an die Frau nicht mehr den Konjunktiv zu verwenden, sondern »ganz normal« im Indikativ zu fragen, da die »vorgestellte« Person »tatsächlich anwesend« ist. Nach meinem Verständnis *ist* die Frau in diesem Beispiel in der Tat anwesend – zumindest im Kopf des Mannes (und vermutlich auch in meinem). Dadurch, dass sie – bildlich und imaginativ – auf den Stuhl gesetzt wird, wird, so denke ich, nicht nur der Beziehungsaspekt betont, sondern auch ein Stück innerer Dialog veröffentlicht.

Gelegentlich sagen wir auch, um die Kompetenz und die Ressourcen der Kundin/des Kunden besonders hervorzuheben: »Angenommen, ich würde den besten Berater oder Therapeuten für Sie, Karl, kennen – natürlich sind das Sie selbst. – Also, angenommen, Sie würden auf diesem [leeren] Stuhl sitzen und ich würde Sie als Ihr Therapeut oder Berater fragen: ›Welchen Rat würden Sie ›Karl‹ geben, so dass er besser mit seinen Probleme klarkommt oder einfach einen kleinen Schritt vorankommt?‹, was würden Sie antworten?«

Familie als reflektierendes Team
Sobald wir mehrere Kunden im Raum haben, können wir jede Person bitten, mit uns zusammen zu reflektieren. Handelt es sich um eine Familie, können wir mit den Eltern sprechen und mit den Kindern über das Gespräch mit den Eltern reflektieren. Oder wir können mit den Kindern sprechen und mit den Eltern darüber reflektieren. Grenzen werden nur durch unsere eigene Kreativität ge-

setzt. Was für mich entscheidend bleibt ist, sich von den Personen, die zuhören, abzuwenden und sich den Personen zuzuwenden, die Mitglied des reflektierenden Teams sind.

Für alle diese Formate gilt eine grundlegende Regel: Reflektieren bezieht sich immer auf Ideen und niemals darauf, Schuld zuzuschreiben oder negative Konnotationen auszusprechen. Es ist Teil unserer Verantwortung als Fachleute darauf zu achten. Reflektieren ist eben kein Schwert, um Menschen zu verletzen – es ist ein Werkzeug, Menschen zu helfen. Ich fasse die Leitlinien so zusammen:
– reflektiere immer in konjunktivistischer Sprache,
– sprich die Kunden nie direkt an,
– nutze ausschließlich positive Ideen und solche, die Ressourcen aufschließen,
– biete Ideen in Form eines bunten Blumenstraußes an (und *keine* Lösungen),
– bitte die Kunden nie um eine Bewertung der Reflexionen, sondern bitte sie nur um Ideen über die Reflexionen.

Jedes dieser Formate entstammt unserer grundlegenden Idee – wir wissen nicht, was »tatsächlich« geschieht, so dass wir spekulieren/reflektieren können –, und zwar in Anwesenheit der Personen, über die wir spekulieren/reflektieren! In der Therapie bemühen wir uns, ein Format zu finden, in dem wir reflektieren können, um auf Geschichten zu kommen, die die Kunden begrüßen und die ihnen hoffentlich helfen, ihrem Ziel einen (kleinen) Schritt näher zu kommen. Mit reflektierenden Positionen zu spielen, hat nichts mit der wahren Geschichte zu tun. Es hilft, daran zu denken, dass jede Konstruktion der Welt, die Bedeutung, die wir ihr geben, gültig und »richtig« ist: »Du hast recht aus deiner Sicht, ich hab' recht aus meiner Sicht.« Die Frage bleibt: »Was glauben Sie (Kunde/Kundin), was für Sie hilfreich (zieldienlich) wäre? Und was ist Ihre Idee, wie ich dazu beitragen könnte?«

Damit wird noch einmal die Wichtigkeit der Ziele der Kunden hervorgehoben, denn sie bilden den Hintergrund, vor dem das Vorgehen evaluiert wird und immer wieder – auch in jeder Sitzung – aufs Neue evaluiert werden sollte.

Ohne konkrete Zielklärung wäre jede Sitzung wie eine Reise ins Nirgendwo, bei der niemand das Ziel kennt und die daher auch nie enden kann. Oder, wie de Shazer es sinngemäß formuliert: Wenn das Ziel nicht von Anfang an definiert wird, muss jede Therapie endlos werden, weil es keinen Endpunkt gibt, an dem ein Beenden notwendig ist.

Ziele und was sonst noch dazugehören könnte

Bei jedem therapeutischen Vorgehen haben Ziele eine hohe Wichtigkeit (Ambühl u. Strauß 1999), im lösungsorientierten Ansatz dienen Ziele sogar als entscheidende Orientierung. Anliegen der Kund(inn)en werden in Ziele übersetzt und transformiert, die die Richtung der Arbeit leiten (deJong u. Berg 1998; de Shazer 1989; Walter u. Peller 1994). Ziele stehen für eine Beschreibung dessen, was Kund(inn)en tun werden oder wollen, wenn sie das bekommen haben, was sie wünschen, oder wenn sie dort sind, wo sie hin wollen. Und Ziele verweisen auch auf die Wirksamkeit therapeutischen Arbeitens, wenn zum Beispiel unter Bezugnahme auf eine Untersuchung von Rodríguez Morejón darauf verwiesen wird, dass »das bedeutsamste Ergebnis war, daß das Vorliegen von gut definierten Zielen in einem positiven Zusammenhang mit dem Therapieerfolg stand, indem es die Wahrscheinlichkeit, daß die Therapie erfolgreich sein würde, um das Doppelte erhöhte« (Beyebach u. Rodríguez Morejón 1998, S. 267).

> »In der modernen Persönlichkeitsforschung gelten Ziele in vielerlei Hinsicht als Äquivalent von Motivation ... Ziele können daher als ein motivationales Konstrukt angesehen werden. Viele TherapeutInnen ... sind der Auffassung, dass klare und spezifische Ziele motivierend wirken« (Tallman u. Bohart 2001, S. 102).

De Shazer geht beinahe noch eine Schritt weiter, indem sich seiner Meinung nach alle Kurztherapiemodelle dadurch auszeichnen, dass es »eine eindeutige Methode [gibt], um festzustellen, wann die Therapie beendet ist« (1992, S. 62).

DeJong und Berg (1998, S. 113) verwenden die Metapher einer »Reise«: Erst kommt eine Klärung und Einigung über das Reiseziel, ehe man daran gehen kann, Transportmöglichkeiten herauszufinden. Walter und Peller (1994, S. 73) heben darüber hinaus den Aspekt der kontinuierlichen Veränderung von Zielen hervor: »Vielleicht würden wir, wenn es grammatikalisch nicht so schwerfällig wäre, Begriffe wie Zielfinden [»goaling«] oder Lösen [»solving«] benutzen, um den Prozeßcharakter hervorzuheben«. Die Autoren heben auch den Unterschied zwischen »Zielen« und »Lösungen« hervor: Ziele stellen den größeren, umfassenderen Rahmen dar, innerhalb dessen und in dessen Richtung Lösungen erfunden werden (Walter u. Peller 1994, S. 83).

»Eine lösungsorientierte Kurztherapie ist konsumentenorientiert. Wir bemühen uns, KlientInnen zu helfen, das zu bekommen, was sie bekommen wollen. Andere Denkmodelle basieren auf einem normativen Ansatz von psychischer Gesundheit, einer gut funktionierenden Familie oder Ehe und nehmen eine ExpertInnenposition ein, aus der heraus sie dann Ziele bestimmen. Dagegen konzentriert sich ein lösungsorientierter Ansatz ausschließlich auf das, was die KlientIn sagt, was sie will. Wenn wir uns darauf konzentrieren, was die KlientIn *im Gegensatz zu dem, was wir denken,* will, so sind die Ziele der KlientInnen wesentlich« (Walter u. Peller 1994, S. 73).

Zwei Ebenen

Nach meiner Erfahrung kommt ein weiterer Aspekt zum Tragen, der meines Wissen von Gunter Schmidt[1] herausgearbeitet worden ist: die Unterscheidung zwischen *Heimatsystem* und *Beratungssystem*.

Kunden, die zur Therapie kommen, definieren ihr Anliegen wie ihr Ziel in ihrem Heimatsystem, also in dem System, das niemals aktuell während der Beratung gegenwärtig sein kann. Ihr Anliegen

---
1 Mein Kollege Armin Albers hat mir diese Unterscheidung nahe gebracht.

in Form eines Dilemmas oder Problems zeigt sich in ihrem Alltag. In der Therapie wird darüber *gesprochen*, es werden Beschreibungen angefertigt, Geschichten erzählt. Der Alltag kann allerdings niemals in die Therapie einbezogen werden, einfach deshalb nicht, weil Therapeuten nicht Bestandteil des Alltags der Kunden sind.

Kunden und Therapeuten bilden ein »neues Ganzes« – das Beratungssystem, das während der Beratungssitzungen Bestand hat. Außerhalb der Beratungssitzungen kann auch das Beratungssystem nicht existieren, es kann nur beschrieben werden. Diese Unterscheidung zeigt Folgen und hat Konsequenzen für die Ziele und Lösungen, um die es in der Beratung gehen kann.

Die Ziele der Kunden lassen sich nach diesem Verständnis immer nur außerhalb der Beratungssituation verwirklichen. Anders formuliert: Alles, was in der Beratung geschehen kann, erweist sich erst im Alltag der Kunden als bedeutsam im Sinne von hilfreich, nützlich oder zieldienlich. In der Beratungssituation selbst können Beschreibungen (Ideen) entwickelt werden, die sich für das Heimatsystem als nützlich erweisen können.

Was im lösungsorientierten Sinn als Ziel definiert wird, kann sich nach diesem Verständnis ausschließlich auf Ziele im Heimatsystem beziehen, also auf Ziele, die nicht in der Beratung verwirklicht werden können. Ob und inwieweit sich das, was im Beratungssystem entwickelt wird, als zieldienlich im Heimatsystem erweist, bleibt der Überprüfung durch die Kunden vorbehalten.

Pointiert formuliert ließe sich demnach sagen, dass der Fokus sich niemals direkt auf Probleme oder Lösungen (Ziele) richten kann – »es handelt sich immer um ein *Beschreiben von*, um ein *Sprechen über*« (vgl. Hargens 1998a, S. 80).

Diese Beschreibung legt nahe, zwei Ebenen (oder Bereiche) von Zielen zu unterscheiden: Ziele für das Heimatsystem und Ziele für das Beratungssystem.

Ziele für das Heimatsystem fallen meines Erachtens in den Bereich, der im lösungsorientierten Arbeiten als »Ziele« oder »wohl definierte Ziele« verstanden wird. Die Ausarbeitung solcher »wohl formulierten Ziele« hilft, den Evaluationsprozess der Kundin/des

Kunden zu erleichtern. In der Beratung selbst geht es deshalb immer auch darum, diese beiden Ebenen/Bereiche auseinander zuhalten.

Für das *Heimatsystem* gilt die Frage:
»*Was genau machen Sie anders, wenn Sie das Verhalten zeigen, das Sie wünschen?*«, oder: »*Was genau machen Sie anders, wenn Sie Ihr Ziel erreicht haben?*«

Für das *Beratungssystem* gilt die Frage:
»*Was können wir in dieser Sitzung tun, von dem Sie denken, es kann hilfreich sein, dass Sie dort* (im Heimatsystem) *Ihrem Ziel* (einen kleinen Schritt) *näher kommen?*«

So gesehen ergeben sich für den Beratungsprozess aus Sicht der Therapeutin/des Therapeuten *zwei Rückkopplungsschleifen* in Form von Musterfragen:
1. Was hat sich in Ihrem Heimatsystem verändert – in die Richtung, in die Sie wollen?
2. Was hat sich von dem, was hier in der Beratung geschehen ist, als hilfreich erwiesen, dass Sie in Ihrem Heimatsystem in die Richtung, in die Sie wollen, vorangekommen sind?

Nach diesem Verständnis können demnach in Beratungssituationen Probleme niemals gelöst werden – es können andere Geschichten über Probleme erzählt, Ideen anderer Verhaltensweisen, Möglichkeiten bisher nicht so klar gesehener Bewertungen und so weiter hervorgehoben werden: Alles Anregungen, Hilfsmittel, um im Alltag außerhalb des Beratungssystems »wunschgemäßer« zurechtzukommen.

Für das beraterische Handeln bedeutet dies, die Bereiche zu unterscheiden, auf die sich die Erzählungen beziehen, und nicht die Speisekarte mit dem Essen zu verwechseln, also nicht die in der Beratung entworfenen Lösungsideen mit der Lösung im Alltag selbst zu verwechseln.

»Warum« und »wozu«?

Therapeuten verfolgen in ihrem Verhalten eine oder mehrere Strategien, die sich in konkreten Handlungen (Interventionen) niederschlagen oder ausdrücken. Diese Interventionen zielen darauf ab, bei Kunden etwas verändernd zu bewirken, was in die Richtung der von ihnen gewünschten Änderungen geht. Das bedeutet konkret, dass der Nutzen oder die Wirksamkeit der Intervention davon abhängt, wie Kunden diese bewerten. In diesem Sinne sollten es die Kunden sein, die den Nutzen der therapeutischen Vorgehensweise bestimmen.

Dieses Herangehen korreliert mit empirischen Ergebnissen, die besagen, dass der beste Einzelprädiktor für den Therapieerfolg die Einschätzung durch die Kunden selbst darstellt und zwar bis zu einem Maß von $r = .7$ oder einem Varianzanteil von knapp 50% (vgl. Grawe 1995; Grawe et al. 1994).

Dies bedacht, sollte man meinen, dass sich jedes therapeutische Vorgehen daran orientiert, welches Ziel den Kunden für sich definieren. Dies ist nach meiner Erfahrung nicht unbedingt und nicht in jedem Fall gegeben. So suchen etwa die so genannten empirisch validierten Therapieverfahren danach, einen Handlungsfaden vorzugeben, der bei einer bestimmten Diagnose zu befolgen ist. Dies bedeutet nach dem bisher Gesagten, dass der Therapeut entscheidet, was wirksam ist oder wirksam zu sein hat – nämlich die jeweils von ihm eingesetzten und praktizierten Interventionen.

An dieser Stelle sei darauf hingewiesen, dass in der Fachliteratur nur das Handeln des Therapeuten als Intervention gilt. Was immer die Kunden tun (sagen), gilt als Reaktion (Tallman u. Bohart 2001, S. 89), obwohl hinreichend bekannt ist, dass in einem interaktiven Prozess die Beeinflussung zwangsläufig wechselseitig ist. Auch dazu liegen ausreichend Forschungsdaten vor (vgl. den Übersichtsband von Hubble et al. 2001).

»Das Privileg des Beitrags der TherapeutIn in der Therapie wird darüber hinaus von der Tradition veranschaulicht, das, was die TherapeutIn tut oder sagt, »Intervention« zu nennen und das, was KlientInnen tun oder sagen, »Reaktionen« … Wenn die TherapeutIn eine Frage stellt, ist dies eine Intervention. Stellt demgegenüber die KlientIn eine Frage, so ist dies eine Reaktion. In gleicher Weise ist die Deutung der TherapeutIn eine Intervention, während die Deutung (Einsicht) der KlientIn eine Reaktion auf die Intervention der TherapeutIn darstellt« (Tallman u. Bohart 2001, S. 89).

Ein weiterer Aspekt scheint mir bedeutsam, der in meinen Augen ebenfalls darauf hinweist, dass dem Kunden für die Bewertung der Therapie Priorität zukommt: Kunden kommen nur dann zur Therapie, wenn sie selbst der Meinung sind, dass sich etwas – was immer das sein mag – verändern sollte oder müsste. Wenn sie nicht dieser Ansicht sind, erscheinen sie nicht oder sie werden – mit mehr oder weniger Druck – zur Therapie »geschickt«. Solche Kunden gelten dann als widerspenstig oder unmotiviert, was aus Sicht der Kund/in durchaus Sinn macht: Warum sollten sie etwas ändern wollen, was sie zum einen nicht ändern wollen und was zum anderen keinen Sinn für sie ergibt.

So gesehen könnte die Etikettierung »Widerstand« oder »nicht motiviert« als eine verkürzte Beschreibung dafür gelten, dass die Kundin oder der Kunde *andere Ziele als der Therapeut* verfolgt.

»Wir müssen daran erinnern, dass Widerstand nicht so existierte wie ein Kühlschrank, und unseren Definitionen und Beschreibungen von Wirklichkeit auch keine ›Wahrheit‹ oder ›Falschheit‹ zukommt. Es gab nicht so etwas wie Widerstand, es war nur ein Konzept und dementsprechend pure Einbildung. Widerstand entspringt dem Hirn des/r TherapeutIn« (de Shazer 1990, S. 78).
»Im Laufe der Zeit passieren Konzepten merkwürdige Dinge. Ganz egal, wie nützlich sie anfangs gewesen waren, sie werden schließlich alle verdinglicht. Anstatt erklärende Metaphern zu bleiben, werden sie zu Tatsachen« (de Shazer 1990, S. 77).

All dies verweist nach meiner Ansicht darauf, wie wichtig und unerlässlich es sein sollte zu Beginn jeder Zusammenarbeit – Therapie wird als kollaboratives Unternehmen definiert (vgl. Anderson 1999; Hoffman 1996) – Klarheit über die angestrebten Ziele herzustellen, was immer auch bedeutet, die unterschiedlichen individuellen oder sozialen Interessen mit zu berücksichtigen.

So gesehen orientiert sich Therapie für mich weniger an der Suche nach der Ursache – dem Warum –, sondern mehr an der Klärung des Zieles – dem Wozu.

»Therapieziele sind ein wichtiger Dreh- und Angelpunkt einer jeden Psychotherapie. Professionelle Hilfe suchende PatientInnen haben bestimmte Therapieziele, die sie gerne erreichen und mit ihren TherapeutInnen aushandeln möchten; diese wiederum werden – ihrer therapeutischen Ausrichtung entsprechend – bestimmte Annahmen zur Art der anzustrebenden Therapieziele haben. Der Aushandlungsprozess tangiert notwendigerweise auch ethische Fragen des Menschenbildes einer jeden therapeutischen Richtung. Das Erreichen von Therapiezielen ist außerdem ein wichtiger Gradmesser zur Beurteilung des Therapieerfolgs. Dies erfordert allerdings, dass Therapieziele so klar formuliert sein müssen, dass deren Erfüllung auch beurteilt werden können« (Ambühl u. Strauß 1999, S. 7).

Zeiten

Ein weiterer, in meinen Augen wichtiger Aspekt verdient Beachtung – der zeitliche Rahmen, der zwischen dem Anliegen (also dem, womit Kunden kommen) und dem Ziel (also dem, wie oder womit Kunden am Ende gehen möchten) besteht.

Das, was Kunden und Therapeuten zusammenbringt, sind die jeweiligen *Anliegen*. Aus Gründen der besseren Übersichtlichkeit befasse ich mich hier zunächst nur mit dem Interaktionspartner Kunde, wohlwissend, dass Ähnliches auch für die Interaktionspartner Therapeut gelten dürfte.

So, wie wir nicht nicht kommunizieren oder nicht nicht interpretieren können, so können wir auch *nicht keine Erwartung* haben. Das bedeutet zum Beispiel für eine Therapiesitzung, dass auch die Therapeutin/der Therapeut mit bestimmten Erwartungen in eine solche Sitzung geht. Diese Erwartungen – die auch als Ziele der Therapeutin/des Therapeuten beschreibbar wären – werden allerdings selten, wenn überhaupt thematisiert. In einer freien Praxis ist es beispielsweise wichtig, eine gute Reputation zu erhalten, um Zuweisungen zu bekommen. Solche Interessen finden Eingang in therapeutisches Verhalten und wären es wert, genauer untersucht zu werden.

Anliegen stellen das dar, was Kunden gleichsam mitbringen. Zeitlich gesehen reichen Anliegen bis zu irgendeinem Zeitpunkt in die Vergangenheit zurück, wirken weiter in der Gegenwart und lösen Vorstellungen nach möglichen Änderungen aus. Anliegen werden erst dann zum Auslöser oder zum Beginn einer Therapie, wenn Kunden davon ausgehen, dass das, was sie derzeit beschwert (»Anliegen«), in irgendeiner Form veränderbar ist. Diese Änderung soll in der Zukunft eintreten.

Anders formuliert: Während sich Anliegen von der Vergangenheit bis in die Gegenwart erstrecken, beziehen sich die Veränderungen – also die Ziele – auf den Zeitraum zwischen Gegenwart und Zukunft. Hier findet die Idee der lösungsorientierten Kurztherapie ihren Widerhall: Man kann nur dann ein Problem haben, wenn die Idee einer Lösung besteht, denn sonst hätte man kein Problem – sicherlich Leiden, Sorgen, Beschwernisse, aber eben kein Problem. Probleme zeichnen sich durch die Erwartung ihrer (Auf-) Lösbarkeit aus.

Damit ist der Blick auf die Zukunft gerichtet, denn dort wird die Lösung erwartet, erhofft, erwünscht. Das macht es wichtig, den Blick gleichsam nach vorne zu richten und zu konkretisieren, welche Erwartungen mit dem Erreichen des Zieles verbunden werden. Kunden streben ihre Ziele an, weil sich das, was dann sein wird, von dem, was jetzt ist, irgendwie *positiv* abhebt. Das macht die Frage »Was *genau* wird dann anders sein?« so bedeutsam.

Anders gesagt: Ziele ziehen ihre persönliche Attraktivität eben insbesondere daraus, dass sie einen persönlichen Wert besitzen und dieser Wert lässt sich erfragen, konkretisieren und in Handlungen beschreiben (operationalisieren) – das, was gemeinhin als Herausarbeiten wohl formulierter Ziele gilt.

Dabei sollten wir nie vergessen, dass wir es immer mit Menschen zu tun haben und mit deren Zielen. Und Ziele drücken auch immer Wünsche und Sehnsüchte mit aus – und das sind Aspekte des menschlichen Lebens. Insofern sollten wir nicht immer gleich »aufs Ziel los marschieren«, sondern auch nach den Aspekten suchen, die im augenblicklichen Leben – also auch im Zustand der »Problembeladenheit« – durchaus Sinn machen, nützlich und anerkennenswert sind.

»Mit jedem Detail, mit jedem Umstand, den jemand benennen kann, der so bleiben kann, wie es ist, wächst die Basis für Selbstwertempfinden und Respekt vor sich selbst. *Fortschritte ohne Respekt sind keine Fortschritte, meine ich ...*
Menschen brauchen Verbündete auf ihrem Weg, und Respekt vor sich selbst ist einer der wichtigsten dabei. Diese Verbündeten zu gewinnen, sollte kein Umweg zu lang sein« (Loth 1998, S. 112f.).

Intervention eins
»In der Zeit von jetzt bis zu unserem nächsten Treffen möchte ich, dass Sie genau beobachten, so dass Sie mir beim nächsten Mal sagen können, was in (Ihrem Leben, Ihrer Ehe, Ihrer Familie oder Ihrer Beziehung) geschieht, und von dem Sie wünschen, dass es weiterhin geschieht ...
Mit dieser Intervention wird versucht, die Situation des Klienten so zu definieren, dass der Therapeut erwartet, dass etwas Wertvolles geschieht und auch weiterhin geschehen wird« (de Shazer u. Molnar 1983, S. 3).

Wenn ich noch nicht weiß, mach' ich mir so meine Gedanken

Erwartungen und Folgen

Im Umgang miteinander spielen *Erwartungen* eine große Rolle. Jay Efran (1996) formuliert das sinngemäß so: Wenn ich zu einem Ereignis, einem Treffen gehe, dann habe ich eine Frage, eine Erwartung im Kopf. Und es ist oft hilfreich, mir über diese Frage klar zu sein oder zu werden.

Therapeut(inn)en wissen davon ein Lied zu singen: Verhalten sich Kund(inn)en nämlich *anders* als Therapeut(inn)en das erwarten, dann sprechen sie oft von schwierigen oder widerspenstigen Kund(inn)en. »Schwierig« oder »widerspenstig«, so übersetze ich, bedeutet dann nichts anderes als »verhielt sich nicht gemäß *meinen* Erwartungen«.

> Dies ist eine gute Gelegenheit noch einmal auf Millers Beobachtung (1985) hinzuweisen (s. S. 31):
> Der am stärksten unterschätzte Faktor, den Therapieerfolg vorherzusagen, findet sich in der *Erwartung der Therapeut(inn)en*.
> Nicht unerwähnt darf an dieser Stelle die sozialpsychologische Erkenntnis der *sich selbst-erfüllenden Prophezeiungen* bleiben (Ludwig 1991), die kurz und pointiert so zusammengefasst werden kann:
> *Was erwartet wird, wird geschehen.* Erwarte ich als Therapeut/in »schwierige« oder »widerspenstige« Kund(inn)en, so könnte ich auch sagen, diese Kund(inn)en seien überaus kooperativ: Sie kooperieren optimal mit meinen Erwartungen.

> Also dürfte auch hier wieder gelten, dass sich solche diagnostischen Kategorisierungen als Beziehungsmaßnahme beschreiben lassen, also interaktiv zu verstehen sind – und es sich keinesfalls um Wesens-, Persönlichkeits- oder Charaktermerkmale handelt.

Das gilt selbstverständlich auch für Kund(inn)en: Auch Kund(inn)en haben Erwartungen an das, was Therapeut(inn)en tun. Und wenn Therapeut(inn)en sich nicht erwartungsgemäß verhalten, dann fehlt meist eine entsprechende Bezeichnung, denn *»schwierige« oder »widerspenstige« Therapeut(inn)en gibt es meistens nicht.*

Solche Erwartungen an das Verhalten des Gegenüber spielen im therapeutischen Alltag eine große Rolle, werden oft aber nicht als solche angesprochen, sondern hinter theoretischen Konzepten des jeweiligen Ansatzes »verborgen«. Aber es geht wohl nicht nur um *Erwartungen*, sondern auch um *Erwartungs-Erwartungen*.

> »Der im systemischen Modell so zentrale Begriff der *Selbstreferenz* hat seine Vorläufer in der Theorie des *Symbolischen Interaktionismus*: die Perspektive vom ›Dort‹ auf das ›Hier‹, also auf sich selbst aus der Position eines anderen zurückzublicken, sein eigenes Objekt zu sein, ist von G. H. Mead (1980, im Original 1934) thematisiert worden: die ›*Erwartungs-Erwartungen*‹. Andere Autoren (etwa Laing et al. 1973) sprechen auch von ›*Metaperspektive*‹: was ich denke, was andere von mir denken, das ist das, was mein Verhalten und Erleben bestimmt. In Systemen mit Störungen wird oft viel weniger Zeit darauf verwandt, eigene Visionen zu verfolgen, als vielmehr darüber nachzugrübeln ob, oder gar ganz sicher davon auszugehen, dass man nicht geschätzt, nicht geachtet, nicht geliebt wird. Im Sinn *selbsterfüllender Prophezeiung* erzeugt das entsprechende Verhalten von Person A bei Person B genau das Klima von Anspannung, das nötig ist, um die negativen Erwartungserwartungen von Person B ebenfalls zu bestätigen: die ›Selbstorganisation zwischenmenschlichen Unglücks‹. Nach Mead entwickelt eine Person im Laufe der Zeit die ›*Vorstellung eines generalisierten Anderen*‹, der zum Symbol für das wird,

was eine Person vermutet, was an Verhalten von ihr erwartet wird« (Grabbe et al. 1998, S. 174).

Treffe ich eine/n Kundin/Kunden, so habe ich bestimmte Erwartungen an das, was sie/er tut, auch wenn ich mir diese Erwartungen nicht immer vergegenwärtige. Und ich gehe zumindest implizit auch davon aus, dass sie/er Erwartungen an mich hat. Beides – meine Erwartungen an das Verhalten der Kundin/des Kunden und meine Ideen über ihre Erwartungen – wirken sich auf das aus, was ich tue.

Ein Beispiel

Ich werde auf einen 8-jährigen Jungen treffen, der als intellektuell minderbegabt diagnostiziert worden ist und der unkontrollierte Wutausbrüche zeigt. Nehmen Sie sich ein wenig Zeit, um darüber nachzudenken, wie, mit welchen Gefühlen, Erwartungen und Vorstellungen Sie in diese Sitzung gehen würden. Und was Sie meinen, wie der Junge reagieren wird.

Meine Erwartungen beziehen sich meist darauf, ob und in welcher Weise ich die Beziehung (mit-) gestalten kann. Erwartungen wirken sich immer als beziehungsgestaltende Maßnahmen aus. Sie bilden gleichsam den Hintergrund der Begegnung ab. In diesem Sinne sind Beschreibungen immer relational.

In Anlehnung an Bateson möchte ich hier auf die Idee hinweisen, dass es nichts gibt – außer Beziehungen: Beziehungen kommen zuerst (»*relationship precedes*«). Diese Idee »weicht« individualisierende Zuschreibungen auf, indem immer zumindest eine andere Person mit ins Spiel gebracht wird.
Nach einem solchen Verständnis ließe sich ein Problem – in Anlehnung an Molnar und Lindquist (1990) – definieren als eine bestimmte Verhaltensweise *und* die Reaktion auf dieses Verhalten.
Ein Problem besteht nach diesem Beziehungsmuster nicht *als solches*, sondern stellt immer eine Bewertung eines Verhaltens

dar – eben eine Interaktion. Anders gesagt: ein Problem ist immer ein Problem *für jemanden.*
Ein solches Verständnis hat mehrere Konsequenzen. Eine wäre etwa die, dass Probleme nicht *an oder in* einer Person festzumachen wären, sondern *zwischen* Personen – also in ihren Interaktionen.
Eine andere wäre, die Folgen, die jede Bewertung als Problem nach sich zieht, auf die Beziehung zu untersuchen und als beziehungsgestaltende Maßnahme zu sehen: »…besteht der entscheidende Aspekt eines Symptoms [Problems, J. H.] darin, dass es dem Patienten hilft, die Kontrolle darüber zu erlangen, was in einer Beziehung zu einem anderen passiert. Ein Symptom [Problem, J. H.] mag einem Patienten subjektiv beträchtliche Unannehmlichkeiten bereiten, aber manche Menschen ziehen diese dem Leben in einer unvorhersehbaren Welt sozialer Beziehungen vor, über die sie wenig Kontrolle haben« (Haley 1978, S. 28).

Dasselbe lässt sich natürlich auch für mein Gegenüber sagen: Seine/ihre Erwartungen stellen gleichsam die zweite Seite der Medaille dar und die dritte Seite könnte sein, wie es gelingt, daraus einen Rahmen zu entwickeln, der es allen Beteiligten ermöglicht, den eigenen Erwartungen ebenso zu genügen wie den Erwartungen der anderen. Ich habe für mich dafür den Begriff *Rahmen rahmen* gefunden.
Für mich hat dies eine notwendige Voraussetzung: Ich sollte mir über *meine* Vorannahmen, *meine* Erwartungen soweit Gedanken gemacht haben, dass sie *mir* ein Stück bewusst sind, so dass ich sie zumindest soweit benennen kann.
Eine für mich notwendige Vorannahme therapeutischen Handelns ist die Grundannahme, dass Menschen sich ändern *können.* Damit verbunden ist die Überzeugung, dass Menschen sich auch ändern *werden* – zumindest, wenn sie dafür einen guten Grund haben. Daraus leitet sich für mich eine optimistische und hoffnungsvolle Grundannahme ab. Ich bin, so könnte man sagen, ein unverbesserlicher Optimist.

Diese Ideen sind von zwei Grundüberzeugungen der lösungsorientierten Kurztherapie inspiriert. Ich schreibe sie den Veröffentlichungen von Insoo Kim Berg und Steve de Shazer zu.

Grundüberzeugung 1
Änderung ist ein immerwährender ununterbrochener Prozeß. Stabilität ist eine Illusion.

Grundüberzeugung 2
Wenn jemand keine Idee davon hat, dass es in seiner/ihrer Zukunft irgendwie »besser« für ihn/sie wird, weshalb sollte sich diese Person anstrengen und an einer Änderung arbeiten? Die Idee einer etwas besseren Zukunft, einer Zukunft, die zumindest ein wenig hoffnungsvoller scheint, macht eine solche Anstrengung »leichter« sinnvoll.

Dazu habe ich während meines Studiums in den Sechzigerjahren den folgenden Satz gelernt, der Bert Brecht zugeschrieben wird:
»Wenn du den Menschen nicht zeigst, wie Beefsteak schmeckt, werden sie auch keines essen wollen.«

Diese Grundüberzeugung könnte sich wiederum sehr massiv auf mein Gegenüber auswirken, wenn er/sie eine andere Grundüberzeugung vertritt, denn er/sie kommt zur Therapie, weil er/sie sich eben nicht verändert hat. Deshalb bezeichne ich mich auch eher als *gelernten Optimisten*. Als gelernter Optimist vermittle ich Hoffnung und Vertrauen in Änderungen, bin aber auch imstande anzuerkennen, dass dies nicht so geradlinig und einfach verläuft, wie man optimistischer Weise annehmen könnte.

Hoffnung gehört zu den Faktoren, die Einfluss auf den Therapieerfolg nehmen – und zwar unabhängig vom jeweiligen therapeutischen Modell.
»Erwartung, Hoffnung und Placebo: Die unbesungene Trias ... Die Forschung zeigt, dass die bloße Erwartung, eine Therapie werde helfen, viel dazu beitragen kann, einen entmutigten Klienten wieder aufzurichten, Hoffnung in ihm zu wecken und damit seine Gesundung voranzubringen ...« (Miller et al. 2000, S. 46).

> »Hoffnung läßt sich so verstehen, wie Menschen über ihre Ziele denken. Über Ziele denken, ist über zwei Komponenten definiert. Erstens, es gibt Gedanken, die Menschen über ihre Fähigkeit haben, ein oder zwei machbare Wege zu ihrem Ziel zu produzieren. Und zweitens, es gibt die Gedanken, die Menschen haben über ihre Fähigkeit, den ausgewählten Weg in Richtung Ziele zu gehen, anzufangen und fortzuführen. Diese beiden Komponenten sind bekannt als Auswegdenken [›pathway thinking‹] und Handlungsdenken [›agency thinking‹]« (Snyder et al. 2001, S. 195).

Dies ist für mich beispielsweise Ausdruck einer *Sowohl-als-auch-Haltung*: Nicht mehr *nur* ändern, sondern *sowohl* ändern *als auch* lassen, wie es ist. Für beides gibt es gute Gründe und im jeweiligen Kontext kann es nützlich sein, mit beiden *Möglichkeiten* umzugehen.

Übertragen auf den therapeutischen Alltag finde ich in einer Publikation von Kelly viel Unterstützung für diese Idee. Anita Kelly wird mit ihren Forschungen zitiert, dass Kund(inn)en, die auch gegenüber ihren Therapeut(inn)en Geheimnisse für sich behalten, in der Therapie besser abschneiden als Kund(inn)en, die keine Geheimnisse für sich behalten. Sie begründet dieses Ergebnis damit, »dass es etwas gibt, wenn man Geheimnisse vor wichtigen Zuhörer(inne)n für sich behält, dass sich die Person tatsächlich besser fühlt. Wenn Kund(inn)en ihren Therapeut(inn)en sagen, dass es ihnen besser geht, erleben sie, dass die Therapeut(inn)en sie als besser ansehen und das führt dazu, dass sie sich selbst auch als besser sehen« (Kelly 1998, S. 14).

Erwartungen bilden für mich immer einen Hintergrund der Beziehung ab, kontextualisieren Abläufe jeder Begegnung. Das hat mich dazu geführt, im therapeutischen Kontext meine eigenen Erwartungen oder Vor-Annahmen *respektvoll zu veröffentlichen*, sofern sich ausreichend Anknüpfungen für eine sinnvolle und zielgerichtete Veröffentlichung ergeben. Respektvolles Veröffentlichen kann dabei unterschiedliche Formen annehmen wie laute Selbstgespräche, Meta-Dialoge, reflektierendes Team. Wichtig scheint mir, dass die gewählte Form zu mir als Fachmann oder Fachfrau *passt*.

Kooperieren begünstigen

Ich arbeite beraterisch-therapeutisch in drei verschiedenen Kontexten, die sich unterschiedlich auf die Gestaltung von Erstgesprächen auswirken: zum einen arbeite ich in meiner eigenen Praxis, manchmal mit und manchmal ohne Kollege oder Kollegin, zum anderen arbeite ich regelmäßig in einer Allgemeinarzt-Praxis mit und zum dritten arbeite ich in meinen Praxisräumen oder in den Räumen der Bewährungshilfe mit strafrechtlich aufgefallenen Menschen, die mir entweder durch die Bewährungshilfe oder durch eine Koordinierungsstelle (für Sexualstraftäter) zugewiesen werden. Im Folgenden möchte ich die unterschiedlichen Vorgehensweisen, eine kooperative Arbeitsbeziehung zu gestalten, beschreiben. Auch wenn die Vorgehensweisen den verschiedenen Kontexten angepasst sind, so beziehen sie sich alle auf gleiche Grundhaltungen und Grundannahmen meinerseits, die ich hier beschrieben habe.

Ziel ist immer, einen Rahmen zu schaffen und zu gestalten, in dem *kund(inn)en-orientiertes Arbeiten* möglich ist und der *Kooperieren* begünstigt.

> »*Jede Familie (ebenso wie jedes Individuum und jedes Paar) versucht auf einzigartige Weise zu kooperieren. Die Arbeit des Therapeuten besteht darin, jene spezielle Art des Kooperierens, die die Familie zeigt, aus seiner Sicht zu beschreiben und dann damit zu kooperieren, um Veränderung zuwege zu bringen*« (de Shazer 1992, S. 45, Hervorhebung i. Orig.).
> Mein Kollege Armin Albers und ich haben aus solchen Überlegungen eine Art *Grundsatz* oder *Axiom* abgeleitet, das wir in Anlehnung an Watzlawicks *1. Axiom der Kommunikation* (1969) »man kann nicht nicht kommunizieren« formuliert haben:
> *Man kann nicht nicht kooperieren.*

Die eigene Praxis

Ich begrüße die Kund(inn)en selbst an der Tür, stelle mich mit Namen vor, begrüße die Erwachsenen einer Familie mit ihrem Namen, frage die Kinder, wie sie heißen, wiederhole den Namen und stelle mich ihnen noch einmal vor. Wenn Kinder mir ihren Namen nicht sagen, sich abwenden oder irgendwie zeigen, dass sie derzeit nicht sprechen wollen, *normalisiere* ich dies.

Normalisieren ist zu unterscheiden von *bagatellisieren*. *Normalisieren* heißt für mich, das, worum es geht, so zu rahmen, dass es auch im Bereich des so genannten Normalen liegen könnte. Es handelt sich hier um eine eher strategische Intervention, die darauf zielt, Handlungsoptionen zu erschließen, indem das, was unerklärbar, gestört, un-normal scheint, Berührungen mit dem Normalen hat.
Bagatellisieren hieße für mich, das, worum es geht, kleiner zu machen, in der subjektiven Bewertung nicht ernst zu nehmen.
Prüfungsangst kennen die meisten von uns. *Normalisieren* hieße, darauf hinzuweisen, dass Prüfungsangst durchaus weit verbreitet und gar nicht so ungewöhnlich ist. *Bagatellisieren* hieße, unter Verweis auf Lernen oder anderes zu verdeutlichen, dass diese Angst überflüssig und nicht notwendig sei.
An dieser Stelle möchte ich noch einmal darauf hinweisen, dass Gefühle und Erfahrungen Teil des subjektiven Erlebens einer Person sind und von daher *immer stimmen* – einfach deshalb, weil sie so erlebt werden. Normalisieren wäre daher immer auch ein Anerkennen eines anderen oder eines ungewöhnlichen Erlebens, das dadurch, dass es anerkannt und geschätzt wird, immer auch ein Stück normalisiert würde.

Ziel ist für mich, sofort einen unkomplizierten direkten Kontakt zu allen Personen herzustellen, auch zu Kindern. Mir ist es im Laufe meiner Arbeit deutlicher geworden, wie leicht ich der Versuchung erliege, gerade jüngere Kinder nicht ausreichend einzubeziehen und zu würdigen – einfach weil sie noch nicht über das Sprachniveau Erwachsener verfügen. Deshalb ist es mir immer sehr wichtig, mit den Kindern in ein direktes Gespräch zu kommen, das nicht therapeutisch sein muss – zum Beispiel bieten sich Hobbys, Kleidung, das Mitkommen als An*knüpfungen* an.

Anknüpfungen sind Teil dessen, was unter Bezeichnungen wie Joining, Ankoppeln, Rapport herstellen, therapeutische Beziehung gestalten in der Fachliteratur diskutiert wird. Die Bedeutung dieser beziehungsgestaltenden Maßnahmen wird mittlerweile in der empirischen Forschung überdeutlich:
Caspar (1998, S. 95): »Ganz im Gegensatz zu einer Auffassung, dass Therapeuten die Situation unverzerrter und als Fachleute ohnehin kompetenter beurteilen können, wurde gefunden, dass die Beurteilung des Prozesses durch Patienten höher mit dem Ergebnis korreliert als die Einschätzung des Therapeuten.«
Orlinsky (1998, S. 74): »Es ist wichtig, die Nuancierungen dieser Befunde zu betonen. Zum Beispiel ist es die vom Patienten erlebte Qualität der therapeutischen Beziehung, die ein positives Ergebnis vorherzusagen erlaubt, wohingegen die vom Therapeuten erlebte Qualität der therapeutischen Beziehung einen schwächeren direkten Prädiktor für das Patientenwohl darstellt. Das Gleiche trifft auch für das Geschick des Therapeuten, die Verwendung von Techniken wie erlebnismäßige Konfrontation oder Deutung sowie für die patientenseitige Wahrnehmung eines Profitierens von Sitzung zu Sitzung zu. Werden diese Faktoren aus der Patientenperspektive oder von externen Beobachtern eingeschätzt, weisen sie einen klaren Bezug zum Ergebnis auf, nicht aber, wenn sie von den Therapeuten selbst eingeschätzt werden.«

Ich geleite die Kund(inn)en in den Praxisraum, wobei ich sie vorgehen lasse. Ich habe die Idee, dass ein solches aktives Eindringen in einen fremden Raum nicht nur Selbstbewusstsein vermittelt, sondern es auch impliziert. Auch die Platzwahl überlasse ich den Kund(inn)en, meist mit den Worten »Ja, bitte setzen Sie sich. Suchen Sie sich den besten Platz aus«, begleitet von einer entsprechenden Handbewegung.
Sollten sich nicht alle setzen, was selten vorkommt, so normali-

siere ich dies, indem ich es akzeptiere. Auch wenn Kinder auf dem Schoß eines Elternteiles sitzen möchten, akzeptiere ich dies *ausdrücklich* – zumeist verbunden mit einem Kompliment, dass das Kind selbst offenbar sehr gut weiß, was am besten für ihn/sie ist, wo er/sie sich am sichersten fühlt. Den Eltern bestätige ich darüber hinaus, dass es normal ist, wenn Kinder sich erst einmal an den Eltern orientieren – schließlich sei das alles sehr neu (Hargens 2002).

> Mir ist es wichtig, auch die Kinder – unabhängig wie alt sie sind – anzuerkennen und zu respektieren. Dies fällt auch mir nicht immer ganz leicht, weil Kinder nicht die kommunikative Kompetenz Erwachsener besitzen, sondern eine eigene. Kinder sind aber Teil der Familie und spielen dort eine Rolle und verfügen über Einfluss. Deshalb nutze ich gern Situationen, in denen ich Kindern ein Kompliment machen kann, wie dafür, dass sie sich den besten Platz ausgesucht haben.
> Wie schwer Kinder in den familientherapeutischen Alltag einbezogen werden, veranschaulicht eine Untersuchung von Ann-Christin Cederborg (1997), die in ihrer empirischen Studie zu der Schlussfolgerung gelangt ist, dass » junge Kinder [in der Familientherapie, J. H.] oft den Teilnehmer/innen-Status von Nicht-Personen haben, indem sie weder viel Raum des Diskurses noch viel Zeit der Interaktion mit den Erwachsenen besetzen. Sie werden so behandelt, dass sie die Position von Randfiguren einnehmen … Wenn nicht mit den Kindern, sondern über sie gesprochen wird, sollte man sich fragen, weshalb sie Teil eines Prozesses sein sollen, der ihnen zu einem Großteil bedrohlich erscheinen könnte« (S. 37, Übersetzung J. H.).

Sitzen alle, nehme auch ich Platz, greife zu meinem Schreibblock, in dessen obere Ecke ich das aktuelle Datum schreibe. Dann schaue ich mich erst einmal in aller Ruhe um, schaue jeden Einzelnen an, nicke, atme tief durch und erst dann beginne ich die Sitzung.

Mir ist wichtig, selbst die Sitzung zu beginnen. Ich spreche in Fortbildungen scherzhaft vom *Recht der ersten Frage*. Da es vom Zeitpunkt der Begegnung an immer auch um die Frage geht, wie die Beziehung gestaltet, definiert und verändert wird, denke ich, dass es mir leichter wird, eine arbeitsintensive, zieldienliche und kooperative Beziehung zu gestalten, wenn ich von Anfang an den *Rahmen* – und damit die ausgesprochenen und unausgesprochenen – Regeln nicht nur mitgestalte, sondern auch praktiziere. Und da *Fragen* – und zwar Fragen, die auf Ressourcen zielen, auf Lösungen, auf Aufträge und Ziele – den wesentlichen Teil meiner professionellen Arbeit ausmachen, setze ich mit der ersten Frage zugleich ein Modell.

Da es kommunikationstheoretisch nicht möglich ist, nicht zu kommunizieren, kann »man« auch *nicht nicht beeinflussen*. Daher nutze ich diese Möglichkeit des Beeinflussens, um meinen Teil zum Rahmen rahmen *beizusteuern* (Loth 1998).
Das heißt nun nicht, dass ich der Ansicht wäre, ich würde durch meine Möglichkeit der Beeinflussung auch direkt das »Ziel« erreichen können – nach der konstruktivistischen und konstruktionistischen Theorie kann ich zwar beeinflussen, aber eben nicht zielgerichtet (instruktiv). Jedes System (Person) reagiert auf Beeinflussungen (Verstörungen) auf die jeweils eigene (systemgerechte) Art und Weise.
Dell (1986, S. 30f.) formuliert dies für ein Grundkonzept therapeutischen Handelns (Pathologie) überaus dezidiert: »Zu jeder Zeit funktioniert ein soziales System gemäß seiner bestehenden Organisation. Es kann nicht anders funktionieren. In diesem Sinne kann keine Organisation pathologisch *sein*; sie kann nur als pathologisch *beurteilt* werden.«

In diesem Sinn arbeite ich vor der ersten Frage zunächst noch einmal ausdrücklich daran, den Rahmen dessen zu beschreiben, was in der Sitzung passieren wird. Dabei beziehe ich die Erfahrungen der Anwesenden ausdrücklich mit ein. Ein typischer Beginn, nachdem alle sitzen, sieht etwa so aus:

»Gut. Ich musste mich erst einmal umschauen, Sie und euch[1] alle einmal anschauen. Für mich ist das alles neu. Ich kenne Sie, ich kenne euch nicht. Gut. Ja, Sie sind alle gekommen. Das finde ich toll. Was mich zunächst interessiert: Haben Sie, habt ihr Erfahrungen mit Psychotherapeuten, Psychos, Therapie?[2]

Nein? Gut. Dann möchte ich kurz erklären, was heute hier passiert. Okay? Danke. Sie sind gekommen, weil Sie ein Anliegen haben, etwas, was Sie – vielleicht – ändern wollen. Vielleicht sind Sie alle einer Meinung, vielleicht auch nicht. Ich werde mich bemühen, Ihnen zu helfen, Ihr Ziel zu erreichen. Das wird im Wesentlichen so ablaufen, dass wir miteinander reden.

Dies ist ja das erste Gespräch. Da ist es mir wichtig, Ihnen und euch einige Regeln zu erläutern, die mir wichtig sind. Ich frage viel, aber es ist das gute Recht von jedem von Ihnen, von euch, Fragen *nicht* zu beantworten. Das gilt für alle. Ich frage trotzdem weiter. Und wenn Sie oder du diese Frage auch nicht beantworten möchten, dann sagen Sie oder du das einfach. Das hilft mir, denn ich weiß, da ist jemand aus der Familie Schulz, der gut für sich sorgt, der nur das sagt, was er oder sie sagen will. Das hilft mir. Okay? Gut.

Und überhaupt, wenn irgendetwas hier passiert, wo sich irgend jemand unwohl fühlt – bitte gleich melden und Bescheid geben. Denn es geht hier um Sie, um euch – was nutzt es da, wenn sich jemand nicht wohl bei der ganzen Sache fühlt. Okay? Ja. Prima.

Gut, was brauchen Sie noch, was brauchst du noch, was müssen Sie, was musst du noch wissen, um sich auf das hier einlassen zu können?

Gut – dann fange ich einfach an zu fragen.«

---

1 Da ich die Erwachsenen sieze und die Kinder duze, benutze ich ausdrücklich beide Sprachformen gleichzeitig, um auch so zu verdeutlichen, dass ich Erwachsene wie Kinder sehe, einbeziehe und respektiere.
2 Die Wahl der Begriffe Psychotherapeuten, Psychos, Therapie hängt immer auch von der Sprache ab, die die Kund(inn)en benutzen.

Wenn es sich um therapieerfahrene Kund(inn)en handelt, bedanke ich mich, frage, ob noch Informationen zu mir und meiner Arbeit gewünscht werden (gebe, wenn gewünscht, diese Auskünfte) und erläutere dann die genannten »Spielregeln«.

Ich habe die Erfahrung gemacht, dass diese Einleitung hilfreich ist, den Rahmen zu *stützen* und Orientierungen zu *erleichtern*. Und noch ein weiterer Aspekt ist mir wichtig: Die Darstellung des Rahmens und der Abgleich mit den Reaktionen der Familien (Kunden) hilft mir sehr, mich zu orientieren. Therapie stellt gleichsam *meinen* Alltag dar, für mich sehr vertraut und allzu selbstverständlich. Ein immer neues Erläutern der Regeln hilft mir, nicht zu vieles als selbstverständlich und damit als nicht (mehr) erwähnenswert vorauszusetzen. Ist etwas *selbstverständlich*, führt das meist zu der Idee, dass es nicht extra erwähnt zu werden braucht und somit oft unerkannt untergeht. Eine ähnliche Beziehung besteht für mich in der Schreibweise zwischen fragwürdig und frag würdig. Kleine Änderungen können große Wirkungen begünstigen.

Daher hat die Schilderung der Regeln gerade für mich als Fachkraft große Bedeutung: Indem ich über die Regeln spreche, *vergegenwärtige ich sie mir noch einmal* und stimme sie darüber hinaus auf das aktuelle System (Familie plus Therapeut/in) ab.

Mir fällt es inzwischen zunehmend leichter, in diesem Sinne Rahmen mit zu gestalten, wenn ich mich selbst nicht aus dem Blick verliere. Mein Befinden, mein Gefühl spielen eine große Rolle, und mir ist es zunehmend wichtiger geworden, auch für mein Wohlbefinden in der (therapeutischen) Situation zu sorgen – immer *respektvoll* und immer *mit* den Kund(inn)en.

Mein Wohlbefinden hilft mir, meine professionelle Haltung leichter zu organisieren, neugierig und interessiert zu bleiben. In der Fachliteratur wird dieser Aspekt oft unter dem Begriff Selbst-Management diskutiert.

Die Allgemeinarzt-Praxis

Da hier die Zuweisung anders erfolgt, sieht der Ablauf auch anders aus. Die Zuweisung erfolgt als *Angebot* der behandelnden Ärzte/Ärztinnen, die den Patient(inn)en ein solches Gespräch während der normalen ärztlichen Sprechstunde vorschlagen. Die Patient(inn)en entscheiden selbst, ob sie das Angebot annehmen oder nicht und vereinbaren gegebenenfalls einen Termin direkt mit den Praxismitarbeiterinnen. Die Arbeit ist daher viel stärker in einen traditionellen Rahmen eingebettet und auch ausdrücklich *nicht* als Therapie gekennzeichnet. Darüber hinaus ist den Patient(inn)en bekannt, dass an diesem *Gespräch mit dem Psychologen* auch die Ärztin oder der Arzt teilnimmt.[3]

Ein Wort zur Sprache

Ärztinnen und Ärzte sprechen von *Patient(inn)en*, ich spreche von *Kund(inn)en*, und in diesen Gesprächen benutzen die Ärztin oder der Arzt und ich die uns jeweils vertrauten Begriffe. Wir sprechen also von den Anwesenden einmal als Patient/in und einmal als Kundin oder Kunde. Diesen unterschiedlichen Sprachgebrauch thematisieren wir durchaus öffentlich. Ich erlebe es als hilfreich, mit beiden Begriffen zu arbeiten, da jeder Begriff einen anderen Bereich anspricht.

Die Patient(inn)en betreten die Arztpraxis wie üblich, werden dann von der Ärztin/dem Arzt in den Raum geholt, in dem das Gespräch stattfindet. Um deutlich zu machen, dass sich dieses Gespräch von der sonstigen Arzt-Praxis unterscheidet, ist der Raum nur für diese Gespräche gestaltet. In diesem Sinne setzen wir also auch dadurch eine *Kontext-Markierung*.

---

3 Eine ausführlichere Beschreibung des interdisziplinären Konsultationsmodells findet sich in Hansen-Magnusson et al. (2000) sowie Hargens et al. (2000, 2002a, b).

Aus meiner Sicht beschreibe ich hier einen Unterschied, der für mich einen Unterschied macht – anders gesagt, ich verdeutliche hier einige meiner Annahmen. Dies ist unvermeidlich, wie die Kommunikationsforschung zeigt, denn wenn wir beschreiben, treffen wir Unterscheidungen, interpunktieren und in der Folge entsteht aus solchen Unterscheidungen (m)eine Welt. Und (m)eine Welt sollte nicht mit der Wirklichkeit als solcher verwechselt werden, da ich (m)eine Welt aus den von mir getroffenen Unterscheidungen entwickelt habe. Aus anderen Unterscheidungen würden sich ganz andere Welten ergeben. Der Satz ist bekannt: »Wer nur einen Hammer besitzt, sieht alles in der Welt als Nagel ...«

Dazu Jones (1995, S. 29): »Ein weiteres, wichtiges Konzept ... betrifft die Vorstellung, daß *die Landkarte nicht das Territorium ist*, das sie repräsentiert. D. h. Botschaften bestehen nicht aus den Objekten, die sie bezeichnen, noch sind sie mit ihnen identisch; unsere Repräsentationen von Wirklichkeit dürfen nicht mit den Wirklichkeiten selber verwechselt werden.«

Ich begrüße die eintretende Person mit Handschlag und nenne meinen Namen, höre den Namen der Kundin/des Kunden, wenn sie ihn nennt, und bitte sie, Platz zu nehmen. Wenn alle sitzen, schaue ich mich erst einmal um, atme tief durch, schaue die Kundin/den Kunden an, nicke (meist mit einem kleinen Lächeln) und frage zuerst (wir befinden uns schließlich in einer Arzt-Praxis), ob er/sie Erfahrungen mit Therapeuten, Psychos oder Psychologen hat.[4] Dann erläutere ich die Regeln genau so, wie ich es in der eigenen Praxis tue.

Der Unterschied besteht hier darin, dass zum einen die Ärztin/der Arzt anwesend ist und die Frage nach dem Anliegen im nächsten Schritt anders erfolgt.

---

4 Auch hier gilt: Die Wahl der Begriffe Psychotherapeuten, Psychos, Therapie hängt immer auch von der Sprache ab, die die Kund(inn)en benutzen.

> Entsprechend thematisiert meine erste Frage in *diesem* Kontext, wessen Idee es war, sich in diesem Rahmen zu treffen. Wenn die Kundin/der Kunde antwortet, es sei die Idee der Ärztin/des Arztes gewesen, fahre ich fort: »Ich würde dann erst einmal die Ärztin befragen, welche Idee sie hatte, Ihnen das vorzuschlagen. Ist das für Sie in Ordnung?«

Im Laufe dieser Klärung – den genauen Zeitpunkt mache ich von meinem Eindruck und meiner Einschätzung abhängig – sage ich ausdrücklich, dass die Ärztin/der Arzt und ich vorher *nicht* über die Kundin/den Kunden gesprochen habe, ich also keine Information über die Person habe.

Bewährungshilfe

Die Arbeit mit Kund(inn)en der Bewährungshilfe spielt sich in zwei unterschiedlichen Räumen ab, und das ist durchaus wörtlich gemeint. Da meine Praxis auf dem Lande liegt und aufgrund der Situation des öffentlichen Personennahverkehrs für Menschen ohne Auto oder ohne Führerschein schwer erreichbar ist, findet ein Teil der Arbeit in meiner Praxis statt, ein anderer in Räumen der Bewährungshilfe. In beiden Fällen erfolgt die Information entsprechend den benannten Möglichkeiten. Der wesentliche Unterschied besteht darin, die Rahmenbedingungen zu klären:

Als frei praktizierender Psychologischer Psychotherapeut arbeite ich weisungs*un*gebunden. Ich bin den Institutionen des Rechtssystems (Gericht, Bewährungshilfe) gegenüber weder auskunftspflichtig noch weisungsgebunden. Dies ist ein wichtiger Punkt, den ich klar- und darstellen muss.

> Die Arbeit in einem institutionellen Kontext macht es wichtig, die Vielfalt der unterschiedlichen Interessen im Auge zu behalten oder zumindest nicht (ganz) aus dem Auge zu verlieren. Die Interessen der Probandin der Bewährungshilfe überschneiden sich nicht unbedingt mit denen von Richter/in und Staatsanwältin, und deren Interessen können sich durchaus von denen der

Bewährungs- oder Gerichtshelfer/in unterscheiden. Und innerhalb des Teams der Bewährungshilfe könnten weitere Interessen zum Tragen kommen. Deshalb könnte es hilfreich sein, sich weniger als Therapeut/in und mehr als Konsultant/in zu verstehen, um Jones (1995, S. 191) Hinweis zu nutzen: »Eine gründliche Erforschung von Kontext und Bedeutung der Anfragen kann klären, welches das relevante System ist und welche Arbeit erst geleistet werden muß, bevor man sich den anderen Dingen zuwenden kann.«

Meine Verpflichtung besteht bei einer Therapieauflage darin, die/den zuständige/n Bewährungshelfer/in zu unterrichten, sobald die Kundin/der Kunde nicht mehr zu Sitzungen erscheint oder wenn es zu einem Ende der Therapie kommt. Diese Information erfolgt, auch das sage ich, immer schriftlich und die Kundin/der Kunde erhält eine Durchschrift meines Schreibens.

Ich mache auch deutlich, dass ich mich als Therapeut verstehe und nicht als Möglichkeit, für die Kundin/den Kunden bei noch ausstehenden Gerichtsverfahren auszusagen. Natürlich kann ich zu einer solchen Aussage aufgefordert werden. Ich mache aber deutlich, dass ich davon ausgehe, nicht vor Gericht erscheinen zu müssen. Entsprechendes gilt auch für die Inhalte der therapeutischen Sitzungen. Ich mache deutlich, dass ich keine Informationen weitergebe.

So gesehen ist bei der Arbeit im Rahmen von Institutionen eine breitere Information über *formale* Abläufe erforderlich. Bisher habe ich immer darauf verzichtet, diese Informationen schriftlich zu geben, da schriftliche Vereinbarungen eine andere Wertigkeit bekommen, und ich vermag momentan nicht einzuschätzen, ob dies die Zusammenarbeit erleichtert oder erschwert. Bisher habe ich mit mündlichen Absprachen gute Erfahrungen – schließlich gehe ich davon aus, dass jede/r zu seinem/ihrem Wort steht.

Unterschiede und/oder Gemeinsamkeiten

Was für mich in allen Kontexten gleich bleibt, ist die notwendige formale Information, deren Umfang wächst, je stärker die institutionelle Einbindung ist. Die Klarstellung und Offenlegung des formalen Rahmens ist für mich unabdingbar, auch wenn nicht geprüft werden kann, ob die Klarstellungen auch genauso verstanden werden, wie sie gemeint sind. Das sollte klar sein: Denn die Bedeutung der Botschaft bestimmt immer der Empfänger/die Empfängerin – dennoch aber bleibt es dabei, dass meine Intention von mir umgesetzt und operationalisiert wird.

> Von Maturana wird der Satz überliefert: »Ich bin überhaupt nicht verantwortlich für das, was Sie hören. Ich bin voll verantwortlich für das, was ich sage.«
> Das ist für mich eine schöne Beschreibung, weshalb ich glaube, dass sich über den »wahren« oder »wirklichen« Inhalt einer Aussage nicht streiten lässt – jede Person hat aus ihrer Position heraus recht.
> An dieser Stelle meldet sich gleichsam die Selbst-Rückbezüglichkeit zu Wort, indem ich für das, was ich tue oder sage, verantwortlich bin.

Mir kommt es darauf an, die therapeutische Situation ein Stück zu normalisieren, was sich auch in der Sprache niederschlägt: Ich spreche von Arbeit, von Problemen, von Zielen und vermeide ein pathologisierendes Vokabular. Dazu gehört auch, darauf hinzuwirken, dass die Arbeitsbedingungen und -abläufe, soweit es geht, von Anfang an offengelegt werden und aushandelbar bleiben: Maßstab bleibt die Reaktion und das Anliegen der Kundin oder des Kunden.

Und an dieser Stelle folgt dann das, was einige als die »eigentliche« Arbeit bezeichnen: Die Therapie beginnt, obwohl das schon vor der ersten Kontaktaufnahme passiert ist.

An dieser Stelle ist es angebracht, auf das Phänomen der Änderung *vor* der ersten Sitzung hinzuweisen (Weiner-Davies et al. 1987), ein Phänomen, das oft wenig beachtet wird – möglicherweise, weil Therapeut(inn)en in der ersten Sitzung wenig danach fragen. Allerdings können solche Änderungen als Hinweis dienen, dass Änderungen fortlaufend geschehen, innerhalb und außerhalb der therapeutischen Sitzung und auch zwischen Anmeldung und erster Sitzung. Das macht die Anmeldung in meinen Augen so wichtig: Sie stellt den ersten unmittelbaren Ankoppelungsprozess dar.
Dazu Selvini Palazzoli et al. (1977, S. 21): »Da unser erster Kontakt mit den Familien immer per Telefon erfolgt, haben wir für diese Anrufe feste Zeiten festgesetzt. Dadurch ist gewährleistet, daß immer ein Therapeut genügend Zeit hat, mit den Klienten ausführlich zu sprechen, so daß Fehler und Mißverständnisse, die durch Eile zustande kommen, weitgehend ausgeschaltet werden. *Die Tatsache, daß die Therapie mit dem ersten telefonischen Kontakt beginnt, kann nie genug hervorgehoben werden.*«
Aus meiner heutigen Sicht würde ich diese Idee erweitern: Wenn der Anruf erfolgt, hat die Familie oder die Kundin/der Kunde mindestens eine weitreichende Entscheidung getroffen: nämlich anzurufen. Das wäre bereits eine Änderung, die allzu oft in der praktischen Arbeit übersehen und dann zu wenig wertgeschätzt werden könnte.

Das Anmeldegespräch

Das Telefon klingelt.
»Hargens, guten Tag.«
»Schulz, guten Tag. Doktor Hama hat mir Ihre Telefonnummer gegeben. Ich sollte mal einen Termin mit Ihnen machen.«
»Gut. Okay. Können Sie mir in einem Satz kurz sagen, worum es Ihnen geht?«
»Na ja, unser Ältester, der macht so Schwierigkeiten und mein Mann meint, ich sei zu nachgiebig. Ich müsse einfach mal durchgreifen. Aber das geht doch nicht so einfach. Und dann wird er sauer. Und jetzt hat die Schule angerufen. Und er hat auch keine Lust mehr ...«
Ich unterbreche: »Okay, ich wollte mich nur ein wenig orientieren, worum es geht, und noch nicht in Ihre Geschichte einsteigen. Hat Doktor Hama Ihnen gesagt, wie ich arbeite?«
»Nein, er meinte nur, es wäre gut, einen Termin zu machen.«
»Okay. Ich mache immer einen ersten Termin ab, an dem wir uns kennen lernen. Kennen lernen heißt für mich, dass ich etwas mehr von Ihnen erfahre, von Ihrem Anliegen und von dem, was Sie wollen. Kennen lernen heißt für mich nicht, dass wir uns treffen und nur nett miteinander reden oder Kaffee trinken. Ich mache das, was ich immer mache, ich arbeite, so dass Sie am Ende einen Eindruck haben, was Sie erwartet und auf was Sie sich einlassen, wenn wir miteinander arbeiten. Wie rasch hätten Sie gern einen Termin?«
»Na ja, ich weiß nicht, wann haben Sie denn Zeit. Bald, denke ich.«
»Wie bald ist bald? Heute, morgen, nächste Woche, nächsten

Monat? Ich denke, Sie können am besten einschätzen, wie dringend es Ihnen ist.«
»Na ja, nächste Woche.«
»Gut. Prima. Und was denken Sie, wer sollte bei diesem ersten Termin alles dabei sein?«
»Na ja, ich denke, unser Ältester.«
»Ja, gut. Sollte er alleine kommen oder auch Sie oder auch Ihr Mann? Oder wer sonst noch zur Familie gehört?«
»Hm, tja, mein Mann, das wär' schon gut, denke ich. Aber ich weiß nicht, ob der mitkommt. Der denkt und sagt, ich soll nicht so nachgiebig sein, dann wird das schon.«
»Ja, das sagt er. Und was denken Sie, wer sollte an so einem ersten Treffen alles teilnehmen?«
»Tja, vielleicht wär's ja gut, wenn mein Mann mitkäme, aber ich weiß nicht, ob ich das schaffe.«
»Das ist in Ordnung, Frau Schulz. Wenn Sie möchten, dass Ihr Mann mitkommt, dann bringen Sie ihn mit. Prima.«
»Das finden Sie auch, nicht. Und wenn er nicht will, was mach' ich dann?«
»Ich arbeite mit allen, die kommen und die da sind. Es wäre gut, wenn Ihr Mann mitkäme, weil das für Sie wichtig ist, aber wenn er nicht kommt und Sie denken, es macht Sinn, auch ohne ihn zu kommen, dann kommen Sie ohne ihn.«
»Ja – und wenn dann der Älteste auch nicht will?«
»Wenn Sie denken, es macht Sinn, alleine zu kommen, dann kommen Sie alleine. Ich gehe davon aus, dass alle die kommen, die daran interessiert sind zu kommen und etwas zu verändern.«
»Ja, gut.«
»Und wie sieht es zeitlich aus? Ihr Sohn geht zur Schule. Wie alt ist er und in welche Klasse geht er? Und wie heißt er?«
»Jan. Jan ist elf und er geht in die vierte Klasse. Und jetzt, so kurz vor dem Schuljahr, da schießt er wieder quer und jetzt ruft auch die Schule an und sagt, dass wir …«
»Okay, Frau Schulz, ich würde es gut finden, wenn wir noch nicht weiter einsteigen, sondern darüber sprechen, wenn wir uns treffen. Wie sieht es zeitlich aus? Jan geht zur Schule, ist dann so gegen eins oder zwei zu Hause …?«

»Ja, ja, immer um halb eins, dann muss er Schularbeiten machen und so. Das wird meist vier.«
»Und bei Ihnen und Ihrem Mann? Wie sieht es da aus?«
»Na ja, ich kann praktisch immer und mein Mann, der kommt um vier von der Arbeit.«
»Gut, wie sieht es dann am nächsten Donnerstag um 16.30 Uhr aus? Passt das?«
»Ja, ich glaube schon.«
»Prima. Und ich habe noch ein, zwei Fragen, Frau Schulz. Wie alt sind Sie?«
»Ich? Ich bin zweiunddreißig.«
»Und was machen Sie beruflich?«
»Ich bin zu Hause.«
»Sie organisieren den ganzen Haushalt, die ganze Arbeit.«
»Na ja, nun ...«
»Das ist 'ne Menge. Viel Arbeit. Machen Sie das schon immer?«
»Nee, ich habe früher im Geschäft gearbeitet, als Verkäuferin, aber als der Jan kam, da musste ich aufhören.«
»Ah ja, und gibt es noch mehr Kinder?«
»Ja, die Nina, die ist jetzt acht.«
»Ah ja. Und Ihr Mann, Frau Schulz, wie alt ist der und was macht der?«
»Mein Mann ist fünfunddreißig und arbeitet als Kfz-Mechaniker.«
»Okay. Wir sehen uns dann am nächsten Donnerstag, um halb fünf. Da erfahre ich ein bisschen mehr von Ihnen, und Sie sehen, wer ich bin, mit wem Sie es zu tun haben, denn wir müssen ja gucken, ob das auch zusammenpasst. Am Ende dieses ersten Gesprächs haben Sie dann Zeit zu überlegen, ob eine Zusammenarbeit Sinn macht und dann klären wir auch alle weiteren Formalitäten. Okay?«
»Ja.«
»Gut. Bis Donnerstag. Auf Wiederhören.«
»Auf Wiederhören.«

So etwa läuft die Anmeldung in meiner Praxis ab. Auch wenn es so aussieht als sei es ein unverbindliches Gespräch, in dem wenig Informationen erhoben werden, so orientiere ich mich dabei sehr konkret an meinen Vorstellungen eines ressourcenorientierten Vorgehens, um schon hier gewissermaßen die Saat zu säen. Das möchte ich in den Kommentaren zu diesem Gespräch deutlich machen.

Zum Hintergrund

In Fortbildungskursen mache ich deutlich, dass Trainees in therapeutischen Übungen oder in Beratungen unter Live-Supervision ihren eigenen Stil ausprobieren dürfen, dass sie das tun dürfen, was ihnen angemessen erscheint – was auch immer dies sein mag. Ich setze nur eine Bedingung: Wenn hinterher gefragt wird, warum er oder sie genau dies gemacht hat, was er/sie gemacht hat, und er/sie kann eine theoriekonsistente Begründung dafür liefern, dann ist nach meinem Verständnis ein angemessenes Verhalten gegeben. *Professionelles Verhalten, so könnte ich auch sagen, ist für mich dann gegeben, wenn ich zu meinem Verhalten so viel Distanz habe, dass ich gleichsam aus der Perspektive eines Beobachters mein Verhalten begründen kann.* Was für Fortbildungen gilt, sollte auch für den Fortbildner selbst gelten: Deshalb folgt nun mein kommentiertes Transkript der Anmeldung.

Hargens, guten Tag.
Ich verzichte am Telefon auf Hinweise wie Praxis, Psychotherapie oder Ähnliches, sondern bemühe mich, einen eher alltäglichen und »normalen« Rahmen zu fördern. Dazu gehört für mich, meine Identität (meinen Namen) sofort bekannt zu geben.

Schulz, guten Tag. Doktor Hama hat mir Ihre Telefonnummer gegeben. Ich sollte mal einen Termin mit Ihnen machen.
Die Kundin trägt sofort das formalisierte Anliegen vor, wobei sie offen lässt, ob sie dem Vorschlag der Zu- oder Überweisung zustimmt oder nicht. Zu diesem Zeitpunkt halte ich es für verfrüht, diese Frage zu klären – für mich wäre dies Ziel und Auftragsklärung, die Teil des ersten Treffens sein werden.

Gut. Okay. Können Sie mir in einem Satz kurz sagen, worum es Ihnen geht?
Ich bestätige ihr Anliegen, nehme es als gegeben und selbstverständlich an, womit ich es zugleich ein Stück normalisiere. Da ich die Kundin nicht kenne, hoffe ich, ihr durch meine Nachfrage mein Interesse an ihrer Situation zu vermitteln. Zugleich möchte ich vermeiden, das Gespräch schon am Telefon zu sehr auszuweiten. Es geht für mich um die Klärung, ob ein Termin nützlich scheint und wer dann daran teilnehmen sollte. Deshalb rahme ich meine Frage mit den Worten »*in einem kurzen Satz sagen, worum es Ihnen geht*«. Das gibt mir dann die Möglichkeit, die Kundin zu unterbrechen, wenn Sie zu viel erzählt. Zugleich möchte ich damit einen Hinweis auf Unterschiede geben: Ich möchte *nicht alles* wissen, sondern nur das, was der Kundin momentan bedeutsam erscheint. Für mich spiegelt das eine Hinwendung zum Hier und Jetzt und legt die Verantwortung für das, worüber gesprochen wird, zumindest ein Stück in die Hand der Anruferin.

Na ja, unser Ältester, der macht so Schwierigkeiten und mein Mann meint, ich sei zu nachgiebig. Ich müsse einfach mal durchgreifen. Aber das geht doch nicht so einfach. Und dann wird er sauer. Und jetzt hat die Schule angerufen. Und er hat auch keine Lust mehr ...
Die Kundin beginnt, ihre Situation zu schildern – genau das, was gewissermaßen die Einleitung einer Arbeitsbeziehung darstellt. Mir ist diese Information deshalb wichtig, um einen Hinweis darauf zu bekommen, wie die Kundin das Problem beschreibt und benennt, sowie darauf, welche Personen an dem Problem beteiligt sind oder sein können.

Okay, ich wollte mich nur ein wenig orientieren, worum es geht, und noch nicht in Ihre Geschichte einsteigen. Hat Doktor Hama Ihnen gesagt, wie ich arbeite?
Ich unterbreche und hoffe, damit deutlich zu machen, dass ich meine Fragen ernst nehme (ich wollte *kurz* erfahren, weshalb sie anruft), deshalb verhalte ich mich dementsprechend: Ich unterbreche, indem ich mich auf den definierten Rahmen beziehe. Diese

Unterbrechung ist immer ein kritischer Punkt in der Beziehungsgestaltung: Einerseits ist es mir wichtig, dass die Beziehung sich entfalten kann, andererseits ist mir wichtig, dass der gewählte – in diesem Fall von mir gesetzte – Rahmen gewahrt bleibt. Hier kommt es auf genaues Zuhören an, auf verbale Hinweise, ob die Kundin sich zurückgewiesen oder abgewürgt fühlt – dann wäre es notwendig, dies einzubeziehen und explizit zu machen. Meine Erfahrung verweist darauf, dass dies in den seltensten Fällen geschieht. Bin ich eindeutig in dem, was ich sage und wie ich es umsetze, reagieren Kund(inn)en zumeist überaus kooperativ. Da Kund(inn)en einerseits Erfahrungen mit Therapeut(inn)en haben können, andererseits auf jeden Fall eigene Erwartungen haben und möglicherweise mit Erwartungen des Zuweisenden konfrontiert wurden, frage ich ausdrücklich ab, was der Zuweisende über mich und meine Arbeit erzählt hat. Erwartungen und Erwartungserwartungen in-formieren das Verhalten die Beziehungsgestaltungen.

Nein, er meinte nur, es wäre gut, einen Termin zu machen.
Es wird keine konkrete Erwartung geäußert – eine Information, die ich wieder bedenken sollte, wenn es in einem ersten Termin zur Anliegen- und Auftragsklärung kommt.

Okay. Ich mache immer einen ersten Termin ab, an dem wir uns kennen lernen. Kennen lernen heißt für mich, dass ich etwas mehr von Ihnen erfahre, von Ihrem Anliegen und von dem, was Sie wollen. Kennen lernen heißt für mich nicht, dass wir uns treffen und nur nett miteinander reden oder Kaffee trinken. Ich mache das, was ich immer mache, ich arbeite, so dass Sie am Ende einen Eindruck haben, was Sie erwartet und auf was Sie sich einlassen, wenn wir miteinander arbeiten. Wie rasch hätten Sie gern einen Termin?
Dies sind ungefähr die Standardinformationen, die ich Kund(inn)en vor dem ersten Termin vermittle. Mir ist dabei wichtig, auf Begriffe zu verzichten, die mit vielen Assoziationen belastet sind, wie etwa Therapie, Krankheit, Störung, Diagnose. Und mir ist wichtig, die Kund(inn)en bereits an dieser Stelle darauf hinzuweisen, dass sie Optionen im Sinne von Entscheidungen haben – zuerst darauf, wie rasch ein erster Termin stattfinden soll.

Na ja, ich weiß nicht, wann haben Sie denn Zeit. Bald, denke ich.
Diese Antwort ist typisch für viele Kund(inn)en: Sie machen deutlich, dass sie »bald« einen Termin haben möchten, den sie aber nicht direkt einfordern. Weder präzisieren sie »bald«, noch stellen sie eine Forderung, sondern richten sich an meinen Wünschen aus.

Wie bald ist bald? Heute, morgen, nächste Woche, nächsten Monat? Ich denke, Sie können am besten einschätzen, wie dringend es Ihnen ist.
Ich bleibe dabei, herauszufinden, welche konkrete Beschreibung die Kundin im Kopf hat – wobei mir klar ist, dass ich auch tatsächlich Termine anbieten kann, denn sonst hätte ich das Gespräch schon viel früher unter Hinweis auf fehlende Termine beenden müssen.
Ein ressourcenorientiertes Vorgehen und die vielfältigen (und unterschiedlichen) Aufgaben meiner Praxis machen es mir möglich, Termine auch kurzfristig anzubieten.

Na ja, nächste Woche.
Es zeigt sich, wie schnell und wie präzise Kund(inn)en entscheiden können.

Gut. Prima. Und was denken Sie, wer sollte bei diesem ersten Termin alles dabei sein?
Ein kleines Kompliment und Anerkennung im Sinne von Cheerleading ist in meinen Augen immer angebracht.
Da ich aus der kurzen Beschreibung weiß, dass mehrere Personen beteiligt sind, ist es mir nun wichtig, abzustimmen, wer alles an der Arbeit beteiligt sein sollte. Da ich die Kundin erst seit ihrem Anruf kenne, halte ich wenig davon, pauschal und grundsätzlich darauf zu bestehen, dass alle kommen müssen oder sollen, sondern bemühe mich, die Kompetenz der Kundin zu nutzen, dies herauszufinden.

Na ja, ich denke unser Ältester.
Eine Reaktion, die mich wenig überrascht: Der Fokus liegt auf dem so genannten Problemträger.

Ja, gut. Sollte er alleine kommen oder auch Sie oder auch Ihr Mann? Oder wer sonst noch zur Familie gehört?
Da der Sohn nicht allein lebt, ist es mir wichtig nachzufragen, wer nach Ansicht der Kundin kommen sollte.
Ich frage, wer *kommen* sollte, nenne auch konkrete Personen, die mir genannt worden sind, vermeide es aber, davon zu sprechen, wer an der *Therapie* teilnehmen sollte, weil ich nicht ausschließen kann, dass diese Formulierungen Assoziationen auslösen können, die nicht in jedem Fall kooperationsfördernd und zieldienlich sind.

Hm, tja, mein Mann, das wär' schon gut, denke ich. Aber ich weiß nicht, ob der mitkommt. Der denkt und sagt, ich soll nicht so nachgiebig sein, dann wird das schon.
Die Kundin wechselt wieder zur Problembeschreibung über, so wie sie es anfangs getan hatte – ein Angebot, auf diese Beschreibung einzugehen und schon mit der Arbeit anzufangen.

Ja, das sagt er. Und was denken Sie, wer sollte an so einem ersten Treffen alles teilnehmen?
Ich bestätige die Wahrnehmung der Kundin und wiederhole meine Frage. Das ist für mich ein Angebot, darauf hinzuweisen, dass es sich hier um verschiedene Fragen und Antworten handelt, und dass es mir wichtig ist, Antworten auf meine Fragen zu bekommen, ohne der Kundin deshalb zu widersprechen oder sie zu kritisieren, sondern ihr eine Option einzuräumen, indem ich sie um eine Entscheidung bitte.

Tja, vielleicht wär's ja gut, wenn mein Mann mitkäme, aber ich weiß nicht, ob ich das schaffe.
Die Kundin wiederholt ihre Auffassung und beginnt wieder eine Problembeschreibung.

Das ist in Ordnung, Frau Schulz. Wenn Sie möchten, dass Ihr Mann mitkommt, dann bringen Sie ihn mit. Prima.
Ich bestätige erneut die Wahrnehmung der Kundin und schreibe ihr zugleich Einfluss und Handlungsmöglichkeiten zu. Dies impli-

ziert – und ich hoffe, dass diese Implikation bei meiner Gesprächspartnerin ankommt – auch eine Wertschätzung für das, was sie tut und tun wird.

Das finden Sie auch, nicht. Und wenn er nicht will, was mach' ich dann?
Die Kundin stimmt zu, macht aber ihr Dilemma wieder deutlich.

Ich arbeite mit allen, die kommen und die da sind. Es wäre gut, wenn Ihr Mann mitkäme, weil das für Sie wichtig ist, aber wenn er nicht kommt und Sie denken, es macht Sinn, auch ohne ihn zu kommen, dann kommen Sie ohne ihn.
Ich bemühe mich, das Dilemma dadurch aufzulösen, indem ich meine Auffassung von meiner Art zu arbeiten beschreibe, nämlich mit den Leuten zu arbeiten, die kommen. Wenn die Kundin ihren Mann nicht dazu bewegen kann, dann steht sie vor einer erneuten *Entscheidung*: Ob es *für sie* Sinn macht, auch ohne ihn zu kommen.
Auf diese Weise bemühe ich mich, von Anfang an im Rahmen der Idee zu arbeiten, dass Entscheidungen getroffen werden können (*möglich sind*) und dass jede Entscheidung *Konsequenzen* nach sich zieht, über deren Konsequenzen (und Erwünschtheit) wiederum entschieden werden kann

Ja – und wenn dann der Älteste auch nicht will?
Diese Frage kann ich in zwei Richtungen verstehen: zum einen verweist die Kundin auf ein weiteres Dilemma, das möglicherweise auch die Idee ihres Mannes widerspiegelt, sie sei zu nachgiebig. Zum anderen kann ich diese Frage dahingehend verstehen, dass die Kundin sofort überprüft, ob und inwieweit ich zu meinen Aussagen stehe: Was, wenn der Problemträger gar nicht kommt?

Wenn Sie denken, es macht Sinn, dass Sie alleine kommen, dann kommen Sie alleine. Ich gehe davon aus, dass alle die kommen, die daran interessiert sind zu kommen und etwas zu verändern.
Ich wiederhole die Regel, dass die *Kundin entscheidet, was für sie Sinn macht.* Zugleich schreibe ich allen, die kommen, positive Ab-

sichten und Motive zu, ohne deshalb zugleich denjenigen, die nicht kommen, negative Absichten und Motive zuzuschreiben. Dazu äußere ich mich gar nicht.
Es wäre denkbar, ausdrücklich hinzuzufügen, dass all die, die nicht kommen, sicher ihre *guten* Gründe dafür haben, zum Beispiel dass sie darauf vertrauen, die, die kommen, würden schon gut und richtig arbeiten. Ich finde es angesichts der wenigen Informationen, die mir zu *diesem* Zeitpunkt zur Verfügung stehen, passender, nur mit Zuschreibungen zu arbeiten, die die Kundin am Telefon betreffen.

Ja, gut. (Kundin)
Und wie sieht es zeitlich aus? Ihr Sohn geht zur Schule. Wie alt ist er und in welche Klasse geht er? Und wie heißt er? (J. H.)
Kund(inn)en-orientiert zu arbeiten, heißt immer auch, den Rahmen der Möglichkeiten zu bedenken: Wann ist es überhaupt möglich, sich zu treffen. Zugleich rahme ich die Kund(inn)en-Orientierung mit einigen Informationsfragen.

Jan. Jan ist elf und er geht in die vierte Klasse. Und jetzt, so kurz vor dem Schuljahr, da schießt er wieder quer und jetzt ruft auch die Schule an und sagt, dass wir ...
Die Kundin erweitert die Informationsfrage erneut zu einem Einstieg in ihre Probleme.

Okay, Frau Schulz, ich kann mir vorstellen, wie sehr es Sie drückt, ich würde es allerdings gut finden, wenn wir noch nicht weiter einsteigen, sondern dann darüber sprechen, wenn wir uns treffen. Wie sieht es zeitlich aus? Jan geht zur Schule, ist dann so gegen eins oder zwei zu Hause ...
Ich bemühe mich, respektvoll den Rahmen hervorzuheben, in dem dieses Telefonat stattfindet – es geht um eine Terminvereinbarung. Darauf fokussiere ich im Folgenden und versuche herauszufinden, zu welcher Zeit all die, die die Kundin gern dabei hätte, ohne besondere Schwierigkeiten kommen könnten.

Ja, ja, immer um halb eins, dann muss er Schularbeiten machen und so. Das wird meist vier. (Kundin)
Und bei Ihnen und Ihrem Mann? Wie sieht es da aus? (J. H.)
Na ja, ich kann praktisch immer und mein Mann, der kommt um vier von der Arbeit. (Kundin)
Gut, wie sieht es dann am nächsten Donnerstag um 16.30 Uhr aus? Passt das? (J. H.)
Ja, ich glaube schon. (Kundin)
Prima. Und ich habe noch ein, zwei Fragen, Frau Schulz. Wie alt sind Sie? (J. H.)

Nachdem der Termin feststeht, möchte ich noch einen kurzen Eindruck von den Familienmitgliedern zu Alter und Beruf bekommen. Es macht *für mich* beispielsweise einen Unterschied, ob ich mit jüngeren oder älteren Menschen zusammentreffe. Ich möchte daher einige dieser Fakten erfragen.

Ich habe die Erfahrung gemacht, dass ein solches zielorientiertes Terminklären eine anschlussfähige Rahmung und einen respektvollen Abschluss finden kann, wenn ich mich noch einmal nach diesen Merkmalen der Familie erkundige.

Ich? Ich bin zweiunddreißig. (Kundin)
Und was machen Sie beruflich? (J. H.)
Ich bin zu Hause. (Kundin)
Sie organisieren den ganzen Haushalt, die ganze Arbeit. (J. H.)

In unserer Gesellschaft wird die Selbsteinschätzung oft durch den Beruf und die Arbeit definiert. Deshalb bemühe ich mich, jede Tätigkeit wertzuschätzen und hervorzuheben. Nach meiner Erfahrung neigen Frauen, die ausschließlich im Haushalt arbeiten, leicht dazu, sich selbst nicht wichtig genug zu nehmen, indem sie ihre Tätigkeit herunterspielen. Daher bemühe ich mich, die Bedeutung und den Umfang dieser Tätigkeit mit einer gleichsam selbstverständlichen Anmerkung hervorzuheben – einer Art indirektem Kompliment.

Na ja, nun ... (Kundin)
Das ist 'ne Menge. Viel Arbeit. Machen Sie das schon immer? (J. H.)
Ich finde es wichtig, die Hausarbeit oder Hausfrauentätigkeiten

ausdrücklich positiv zu betonen, ohne dass dies für mich aufgesetzt ist. Dabei hilft mir meine eigene Erfahrung als Hausmann. Die Frage nach früheren Tätigkeiten dient mir dazu, ein wenig mehr über die Selbstbeschreibung zu erfahren.

Nee, ich habe früher im Geschäft gearbeitet, als Verkäuferin, aber als der Jan kam, da musste ich aufhören.
Ich verstehe dies als Ausfluss der gesellschaftlichen Rollenverteilung (die Frau kümmert sich wie selbstverständlich um die Kinder), entweder in der Doppelbelastung Beruf und Hausfrau oder indem sie den Beruf aufgibt.
Mir genügt zunächst diese Information – ihre Bedeutung für das familiäre System kann ich jetzt überhaupt nicht abschätzen und deshalb frage ich weiter nach einigen mir wichtigen »äußeren Ereignissen«.

Ah ja, und gibt es noch mehr Kinder? (J. H.)
Ja, die Nina, die ist jetzt acht. (Kundin)
Ah ja. Und Ihr Mann, Frau Schulz, wie alt ist der und was macht der? (J. H.)
Mein Mann ist fünfunddreißig und arbeitet als Kfz-Mechaniker. (Kundin)
Okay. Wir sehen uns dann am nächsten Donnerstag, um halb fünf. Da erfahre ich ein bisschen mehr von Ihnen und Sie sehen, wer ich bin, mit wem Sie es zu tun haben, denn wir müssen ja gucken, ob das auch zusammenpasst. Am Ende dieses ersten Gesprächs haben Sie dann Zeit zu überlegen, ob eine Zusammenarbeit Sinn macht und dann klären wir auch alle weiteren Formalitäten. Okay? (J. H.)
Nachdem ich alle Informationen zum äußeren Rahmen erhalten habe, komme ich wieder auf den Rahmen zurück, der dieses Gespräch konstituiert hat – die Terminvereinbarung.
Zugleich gebe ich einige Hinweise darauf, dass dieses erste Gespräch tatsächlich von mir nur als erstes Gespräch gesehen wird: Die Kundin verpflichtet sich gleichsam zu nichts. Ich halte es für wichtig, immer wieder darauf hinzuweisen, dass die Dauer der Zusammenarbeit von der Kundin entschieden wird, dazu dient der hier gemachte Hinweis.

Ja. (Kundin)
Gut. Bis Donnerstag. Auf Wiederhören. (J. H.)
Auf Wiederhören. (Kundin)
Das Telefonat endet ohne konkrete Aufgabe. Eine Aufgabe wäre schon eine Veränderung des Rahmens, da sie voraussetzt, dass ein bestimmtes Anliegen besteht. Es wäre natürlich denkbar, dass ich als Fachmann ein Anliegen hätte, für das ich dann eine Aufgabe geben würde, so könnte ich sagen, dass es mir wichtig wäre, an dem zu arbeiten, was die Kundin erreichen möchte. Deshalb würde ich es begrüßen, wenn sie sich bis zu unserem ersten Termin noch einmal Gedanken darüber macht, was genau sie möchte, das anders werden soll – ein Vorgehen, das an einigen Einrichtungen gang und gäbe ist.

»Beispielsweise erhalten Hilfesuchende an der Arbeitsstelle des Autors bereits im Verlauf des ersten Anmeldegesprächs, das stets – auch wenn es telefonisch erfolgt – von einem/r FachmitarbeiterIn geführt wird, eine Aufgabe zur ›Vorbereitung auf das nächste ausführliche Gespräch‹. Sie bekommen eine ›Ziel‹- und eine ›Ausnahme‹-Aufgabe angeboten, und werden gebeten, sich eine davon auszuwählen. Die ›Ziel‹-Aufgabe besteht darin, sich zwischenzeitlich ausführlich damit zu beschäftigen, welche(s) Ziel(e) mit der beabsichtigen Arbeit erreicht werden soll(en). Die ›Ausnahme‹-Aufgabe beinhaltet die vermehrte Aufmerksamkeit für Zeiten und Umstände, unter denen das ›Beklagte‹ weniger auftritt (etwas weniger, manchmal sogar nur ganz wenig weniger) oder vielleicht sogar überhaupt nicht auftritt. Häufig berichten KlientInnen dann im folgenden ausführlichen Gespräch, daß sie aufgrund dieser Fragen zwischenzeitlich schon soviel ›geregelt‹ hätten, dass sie ›eigentlich‹ nun ganz gut alleine damit zurechtkämen. Manchen fällt auch auf, dass die angebotene Wahl zwei Facetten desgleichen ins Spiel bringt: sich auf einen anderen Blickwinkel einlassen und auf aktive Problembewältigung einstimmen« (Loth 1988, S. 129).

Mit diesen Informationen warte ich dann am nächsten Donnerstag auf die Mitglieder der Familie Schulz. Ich habe – darüber bin ich mir bewusst – nicht nach Personen gefragt, die sonst noch wichtig sein können, wie Lehrer(inn)en von Jans Schule oder Schwieger- oder Großeltern. Ich habe nicht danach gefragt, weil die Kundin keinen konkreten Hinweis darauf gegeben hat und weil ich nicht »zu ungewöhnlich« sein wollte – es war schließlich das Gespräch zur Terminvereinbarung, nicht das zur Auftrags- und Zielklärung, wo es wichtig ist mitzubedenken, wer alles eine Rolle spielt, um das Ziel zu erreichen.

Der Umfang der Informationen ist relativ gering, was ich als Vorteil verstehe. Je mehr ich erfahre, bevor ich die Beteiligten treffe, desto mehr erfahre ich über die Sichtweise, die derjenige/diejenige vertritt, von dem/der ich sie höre. Nach meiner Erfahrung fällt es mir schwer, mich davon freizumachen, nicht zu spekulieren. Und je mehr Informationen ich habe, desto fester, fixer, rigider werden meine Spekulationen. Deshalb bemühe ich mich, im Anmeldetelefonat möglichst wenige Informationen über die Problembeschreibung zu erfahren.

Manchmal fragen Kund(inn)en, ob es nicht wichtig wäre, mir etwas mehr über das Problem zu erzählen. Ein derartiges Angebot von Frau Schulz hätte ich freundlich und nachdrücklich abgelehnt und ihr etwa Folgendes gesagt:

Ja, Frau Schulz, ich denke, ich brauche diese Informationen auch. Nur, wenn Sie mir jetzt erzählen, wie es ist, dann erfahre ich sehr viel darüber, wie Sie es sehen. Es könnte sein, dass der Jan oder auch Ihr Mann das ganz anders sehen. Sie haben selbst schon kurz darauf hingewiesen. Und dann könnte bei denen leicht das Gefühl auftauchen, ich würde ja sowieso auf Ihrer Seite stehen. Und ich weiß nicht, ob das hilfreich wäre. Ich denke eher nicht. Deshalb würde ich es passender finden, wenn wir darüber reden, wenn alle dabei sind. Wenn das für Sie in Ordnung ist ...

Einen Hinweis möchte ich abschließend noch zur telefonischen Anmeldung geben, der mehr oder weniger leidvoller Erfahrung entstammt: Beim Telefonieren fehlt die visuelle Wahrnehmung völlig und damit fehlt schlicht eine wichtige Quelle der Rückmeldung. Deshalb bekommen die gesprochenen Worte – und die sie begleitenden nonverbalen Signale wie Pausen, Zögern, Stimmhöhe – ein besonderes Gewicht, da sie den kontextuellen Rahmen bilden, der dazu beiträgt, dem Gesagten Sinn und Bedeutung zu verleihen.

Diese Umstände haben es für mich wichtig gemacht, Anmeldungen mit hoher Konzentration anzugehen, denn hierbei werden nach meiner Erfahrung die ersten, wichtigen Weichen gestellt: Die therapeutische Beziehung wird gestaltet, wobei erste Eindrücke besonders wichtig sind. Deshalb, denke ich, sollte der Anmeldung auch eine hohe Bedeutung beigemessen werden. Sie ist immer auch Ausdruck davon, wie ich als therapeutische Fachkraft mein Gegenüber betrachte: als Patient/in, Kundin, Konsument/in, Verbraucher/in, gleichberechtigte Partnerin.

Und noch etwas beinahe Selbstverständliches möchte ich erwähnen: Die Therapie beginnt schon *vor* der telefonischen Anmeldung. Immerhin sind schon selbstdiagnostische Prozesse passiert, die dazu geführt haben, sich anzumelden. Kund(inn)en kommen oder melden sich an, *weil* sie motiviert sind.

> »Auf einen … Weg in die Aussichtslosigkeit gerät man, wenn man die Motive des Klienten links liegen lässt. Den unmotivierten Klienten gibt es nicht. Die Klienten mögen zwar, wie wir nur allzu oft erlebt haben, unsere Motive nicht teilen, aber mit Sicherheit haben sie ihre eigenen, und zwar sehr starke« (Duncan et al. 1998, S. 24).

Und mir ist es wichtig, diese Anknüpfung zu nutzen, zu utilisieren. Deshalb ist Anmeldung für mich mehr oder anderes als nur eine »formale« Anmeldung. Ich denke, sie vermittelt zugleich einen Eindruck davon, wie ich (therapeutische) Beziehungen gestalte, mit Menschen umgehe und was die Kund(inn)en erwartet, wenn sie kommen. Deshalb ist Anmeldung für mich ein wesentlicher und kritischer Zeitpunkt.

Und dann kommen Kundinnen und Kunden

Das Erstinterview

Ich habe lange überlegt, inwieweit ich an dieser Stelle ein kommentiertes Erstinterview, entsprechend dem kommentierten Anmeldegespräch, vorstellen sollte und bin zu der Entscheidung gekommen, Ideen zu beschreiben, ein Modell oder eine Blaupause anzubieten, aber kein wirklich stattgefundenes Gespräch.

Der Grund ist einfach folgender: Jede Theorie, jede Handlungsweise bleibt immer zugeschnitten auf die Person, die diese Handlung oder Theorie mit Leben füllt – sie bleibt *immer* persönlich oder, etwas abstrakter, subjektiv. Anders formuliert: Ich verstehe das, was ich tue, nicht (nur) als ein Anwenden von Techniken, sondern als Umsetzen und Realisieren von *Haltungen*. Und Haltungen umfassen sowohl die ganze Person als auch den Kontext. Ich wüsste nicht, wie sich ein solches Verständnis verschriftet auf einer eindimensionalen Buchseite wiedergeben ließe. Dabei ginge ein wesentlicher Aspekt verloren.

Zum anderen möchte ich vermeiden, den Glauben zu unterstützen, es gäbe die richtige Art, ein Erstinterview zu führen. Das wäre dann wie ein Kochbuch – und selbst das ist nicht ganz zutreffend, weil die Rezepte in der jeweiligen konkreten Umsetzung zu durchaus unterschiedlichen Speisen führen.

Und darum geht es mir: Mein Anliegen ist, hilfreich zu sein, die eigenen Möglichkeiten und Ressourcen zu erschließen, zu vertiefen, zu nutzen – und dementsprechend leiten mich einige zentrale Annahmen, die ich zu beschreiben versucht habe und die sich auch in den folgenden drei Leitfragen wieder finden:

> *Was macht Sie da sicher?*
> *Wie können Sie vermeiden, ein Original zu werden?*
> *Was können Sie tun, um sich als Original zu stärken?*
> (Hargens o. J.)

In diesem Sinne möchte ich hier einige meiner Gedanken, die mich im Erstinterview leiten, vorstellen, erläutern und Sie anregen, Ihre eigenen Leitideen zu (er-) finden und zu nutzen.

Vorab halte ich es für wichtig, *mein Verständnis von einem Erstinterview* zu betonen. Ich *glaube*, dass es *nur* Erstinterviews gibt – eingedenk der taoistischen Erkenntnis, die insbesondere de Shazer und Berg stets betonen: »Change is a constant process, stability is an illusion.« Ich leite daraus ab, dass Veränderung unvermeidlich ist, ständig auftritt – und ich es daher definitionsgemäß bei jeder Begegnung mit *anderen Menschen* zu tun habe: anders in dem Sinne, dass sie sich verändert haben. Dasselbe gilt in gleicher Weise für mich – auch ich habe mich verändert.

Für die Praxis habe ich daraus gelernt, wie wichtig es ist, einmal erarbeitete Vereinbarungen, Kontrakte, Ziele oder Veränderungen immer wieder neu zu (über-) prüfen: Ich kann nicht davon ausgehen, dass die Menschen, die ich ein nächstes Mal treffe, noch dieselben Interessen, Ziele und so weiter vertreten.

> Hier hilft der englische Ausdruck *re-search*, den ich als *Nach-Forschung* übersetze und der für mich zumindest einen wichtigen Aspekt des Prozesses treffend beschreibt:
> »Das erinnert mich an Selvinis (1977) Idee von Therapie als fortlaufendem Forschungsprozess. Nach meinem narrativen und konstruktivistischen Verständnis passt die Vorstellung von *Therapie als Nachforschung* hervorragend [Fußnote: »Nach-Forschung impliziert, dass bereits Forschung stattgefunden hat, die erneut beforscht wird ...«]. Es geht *nicht* um *finden* – es geht um *forschen, suchen* oder – genauer – um *nach*-forschen: was auch immer du finden magst, du kannst daran gehen, dies *nach*zuforschen – weil das, was du gefunden hast, einfach nur eine der unendlich vielen Möglichkeiten (oder: möglichen Geschichten) darstellt, und weil du niemals sicher sein kannst,

das gefunden zu haben, wonach du suchtest« (Hargens 2000, S. 14f.).

Selbstverständlich verlasse ich mich zugleich darauf, dass sich nicht jedes Mal *alles* verändert – ich bereite mich allerdings darauf vor, alles noch einmal neu durchzuarbeiten. In diesem Sinne verstehe ich jedes Gespräch als Erstgespräch.

Begrifflichkeiten oder: Worte schaffen Wirklichkeiten

Wie nenne ich das, was ich tue? Therapie, diagnostisches Gespräch, Vorgespräch, Krisenintervention? Jeder Begriff trägt Konnotationen und Assoziationen in und mit sich. Da ich nun nicht in den Kopf meiner Gegenüber blicken kann, kann ich deren Konnotationen und Assoziationen nur (indirekt) erschließen. Ich kann mir ihrer nie sicher sein.

Diese Grundidee der Kommunikationstheorie verlieren wir leicht aus dem Blick, insbesondere wenn es darum geht, den Anlass des Erstinterviews zu erkunden: Betreibe ich Diagnostik in klassischem Sinn, versuche ich herauszufinden, welches die tatsächliche Störung ist, um sie eindeutig zu klassifizieren zu können (etwa nach der ICD-10), oder bemühe ich mich darum, die subjektive Sichtweise und die darin enthaltenen Erwartungen, Wünsche, Hoffnungen meiner Kund(inn)en für mich erkennbarer herauszuarbeiten?

Pragmatische Axiome der Kommunikation nach Watzlawick et al. (1969)
Die Interpunktion von Ereignisfolgen:
»Dem unvoreingenommenen Beobachter erscheint eine Folge von Kommunikationen *als ein ununterbrochener Austausch von Mitteilungen.* Jeder Teilnehmer an dieser Interaktion muß ihr jedoch unvermeidlich eine Struktur zugrundelegen, die Bateson und Jackson in Analogie zu Whorf ... die ›Interpunktion von Ereignisfolgen‹ genannt haben« (S. 57).
Dies bildet die Grundlage, kommunikative Abläufe in Ursache-

Wirkungs-Schleifen zu beschreiben, und die Vorstellung, die »wahre Ursache« zu kennen, hat dann eher nachteilige und weitgehende (kommunikative) Folgen:
»Interpretationskonflikte[n] in den verschiedensten Bereichen menschlichen Zusammenlebens« sind gemeinsam »die widersprüchlichen Annahmen der Partner hinsichtlich dessen, was Ursache und was Wirkung des Konflikts ist. Von außen gesehen ist weder der eine noch der andere Standpunkt stichhaltig, da die Interaktion der Partner nicht linear, sondern kreisförmig ist ... jedes Verhalten ist ... sowohl Ursache als auch Wirkung« (S. 93).

Deshalb stellt es für mich den ersten Schritt dar, an der Situation und den beteiligten Personen *anzukoppeln*, indem ich meinen Teil dazu beitrage, einen gemeinsamen *Rahmen* zu schaffen, zu definieren und zu praktizieren.

Wir alle machen dies ständig, legen uns allerdings nicht ständig Rechenschaft darüber ab, was wir hier genau wie machen. Deshalb kann ein wenig Bewusstheit förderlich sein, die eigenen Fertigkeiten einerseits klarer zu erkennen und sie andererseits präziser zu nutzen. Im Mittelpunkt steht als leitende Idee bei mir das Konzept *kooperieren* (s. S. 36).

Kooperieren wird nach meiner Idee erleichtert beziehungsweise begünstigt, indem ich mich bemühe,
– an Kunden anzukoppeln (joining),
– das Setting als eine von vielen und immer veränderbare Bedingung zu beschreiben (setting),
– Ziele, Anliegen und Aufträge als fortlaufende Orientierungen zu erfragen (goaling, vgl. Walter u. Peller 1994, S. 168),
– Veränderungen, erste Schritte, Interventionen und so weiter auf ihre (möglichen) Auswirkungen hin zu evaluieren (checking/evaluating).

Alle Tätigkeiten werden in Verbform beschrieben, um das Tun, das Handeln, das Operieren zu betonen. Therapie verstehe ich als einen handlungsorientierten Prozess, der sich weitgehend in Sprache ausdrückt.

All diese Möglichkeiten verstehe ich als fortlaufende und ineinander greifende Prozesse, die die Arbeit steuern, indem sie Zielvorgaben präzisieren, Zielerreichungen bestimmen und Korrekturen ermöglichen – ein unendlich pulsierender rekursiver Kreislauf.

All das wirkt auf mein Handeln und die Frage bleibt: Wie nenne ich das Beschriebene?

Ich bevorzuge den Begriff *Arbeit*, weil er für mich einerseits die Anstrengung des Tuns beschreibt, andererseits auf ein Ergebnis, ein Ziel, ein Produkt verweist, auf die sich die Anstrengungen richten. Dabei kann es nicht darum gehen, Kund(inn)en, die mit der Erwartung kommen, eine Therapie zu machen, ihnen dies auszureden, um sie zur »Arbeit« zu bekehren. Das wäre wohl eher der Versuch, eigene Konzepte als richtig durchzusetzen – also um richtige und falsche Ideen zu kämpfen.

Ich *klopfe ab*, wie Efran (1992) es beschreibt. Ich hinterfrage das Konzept Therapie – einerseits dadurch, dass ich meine Klienten als *kundig* definiere, andererseits indem ich danach frage, ob nicht eine andere Formulierung passender wäre: »Therapie ist ein so großes Wort. Es bedeutet immer, dass jemand krank sein muss und sich ändern möchte. Das ist immer auch harte Arbeit. Wie wäre es mit ›Arbeit‹? Zusammen an dem arbeiten, was Sie erreichen möchten?« So oder ähnlich lässt sich eine entsprechende Frage stellen, wobei ich mich bemühe, dabei den Kund(inn)en gerecht zu werden.

Beobachten

Auch wenn sich Wirklichkeiten über Sprache herausbilden, so geht ein bedeutsamer Teil meiner Arbeit darüber hinaus – beobachten, wahrnehmen, mit den Sinnen erkennen sind grundlegende Elemente meines Handelns. Insofern bedarf es fortlaufender Aufmerksamkeit und Konzentration auf das, was Kund(inn)en sagen und wie sie sich verhalten. Ein für mich zunehmend bedeutsamer Fokus liegt dabei auf meinem Zu-Hören.

»Höre auf das, was Sie sagen, nicht auf das, was Sie meinen«, formulierte Tom Andersen (2000) unter Bezugnahme auf Harold

Goolishian. Er betont damit noch einmal, wie wichtig es ist, auf das zu hören, was gesagt wird – und nicht auf das, was alles darin verborgen und was damit gemeint sein könnte. Ich habe dies für mich in einer Art Regel zusammengefasst: *Es gilt das gesprochene Wort.*

> Nach meinem Studium der Psychologie, dazu gehörten auch Diagnostik und Ätiologie, habe ich mich bemüht, nicht mehr zwischen den Zeilen zu lesen, nicht mehr Gedanken zu lesen. Das war – und ist immer noch – *harte Arbeit.* Aber sie macht das tägliche Geschäft leichter. Statt Gedanken zu lesen, frage ich heute.
> Anders gesagt: Ich höre nur das, was gesagt wird. Und das glaube ich den Kund(inn)en auch – immer.

Dieses Unterfangen setzt intensives Zu-Hören und Beobachten voraus, denn das, was ich höre und wahrnehme, leitet mein Handeln – intuitiv *und* professionell reflektiert. Professionalität zeichnet sich auch dadurch aus, dass ich nicht nur höre, sondern zuhöre, also die eingehenden Daten ordne, prozessiere, strukturiere, interpretiere (Sedlak 1996).

> »Professionelles Handeln folgt bestimmten (erkennbaren) Regeln bzw. Standards *und* ermöglicht zugleich, dass diese Standards den jeweiligen Umständen verantwortlich und bewusst angepasst werden. In diesem Sinne folgt professionelles Handeln eben *nicht* einfach den Regeln, sondern folgt einer Art *geleiteter Intuition* (vgl. Hargens 1999) – professionelles Wissen und Können wird der Situation angepasst *und* hinterher kann professionell begründet werden, weshalb gerade diese Anpassung intuitiv erfolgte« (Hargens 2001, S. 254).

Mein Verständnis *professioneller Arbeit* – und nur darum geht es hier – wird wesentlich durch die Idee bestimmt, dass *professionelles Handeln ein zielgerichtetes Handeln ist. Ziele* entscheiden darüber, inwieweit das professionelle Handeln *passend* ist – immer bezogen auf das konkret definierte Ziel (der Kundin/des Kunden).

Das hat dazu geführt, dass ich nicht mehr zwischen Vor-, Erst- und Nachfolgegespräch unterscheide. Jedes Treffen zeichnet sich durch den Dreischritt *Joining, Ziele klären* und *Möglichkeiten in Richtung Zielannäherung* aus.

Joining

Die Beziehung hat einen entscheidenden Stellenwert in der therapeutischen Arbeit, denn ohne Beziehung ist keine Begegnung, kein Zusammentreffen möglich. Deshalb richtet sich das Augenmerk immer *auch* darauf, an meinem Gegenüber *wertschätzend* (im Sinne von respektvoll) anzukoppeln.

Das machen wir alle mehr oder weniger bewusst. Ich empfehle, das Augenmerk einmal darauf zu richten, welches Ihre bevorzugten *Joining-Strategien* sind, wobei ich wieder darauf hinweisen möchte, dass »Strategie« hier nichts Aufgesetztes, Gekünsteltes meint, sondern sich einfach auf das bezieht, was Sie *tun*.

Auch wenn Joining zuerst genannt wird, so beschreibt dies keinen Abschnitt in der therapeutischen Arbeit: *Joining ist ein kontinuierlicher Prozess*, der sich durch die gesamte Arbeit hindurchzieht.

Und Joining bezieht auch das Umfeld mit ein: zum Beispiel wie Ihre Praxis aussieht, wie die Orientierung der neu ankommenden Kund(inn)en strukturiert ist, wie das Wartezimmer eingerichtet ist, welche Farbgebung und Helligkeit zu finden ist, wie Sie angezogen sind, wie die Bestuhlung aussieht.

Eine praktische Übung wäre eine Art Selbstversuch:
Betreten Sie Ihre Praxis mit den Augen einer Person, die noch keine Erfahrung mit Therapeut(inn)en hat, die zum ersten Mal eine Praxis betritt. Versuchen Sie, naiv zu sein und die ungewohnte Situation für sich sicher(er) zu gestalten.

Ziele finden

Wenn professionelles Arbeiten zielorientiertes Arbeiten ist, dann kommt es für mich darauf an, mir den *Rahmen der Ziele* zu verdeutlichen. Das passiert durch *Fragen*. Mittlerweile gibt es viele Übersichten über Kennzeichen wohl formulierter Ziele und Fragebatterien zielherausarbeitender Fragen (z. B. Berg 1992; deJong u. Berg 1998; Tomm 1994; von Schlippe u. Schweitzer 1996; Walter u. Peller 1994).

> Mir erscheint es an dieser Stelle wichtig, darauf hinzuweisen, dass *auch ich als Therapeut Ziele habe*, wenn ich mit Kund-(inn)en arbeite. Diese beziehen sich oft auf Aspekte wie »gute Arbeit leisten zu wollen«, »erfolgreich zu sein«, »Kund(inn)en zu werben durch effektive Arbeit«, »Geld zu verdienen«, um nur einige zu nennen.
> Diese *subversiven Ziele* beeinflussen mein Handeln als Therapeut, und es wäre sicherlich nützlich, darüber zum Beispiel in Supervisionen zu reflektieren, liegt doch hier in meinen Augen eine mögliche Quelle von eher hinderlichen Faktoren – denn es geht darum, »zielgerecht« zu arbeiten und das bedeutet, *auch die eigenen Ziele respektvoll zu handhaben.*

Jetzt geht es ans Eingemachte – an die Frage nach dem »Wie?«
Am einfachsten erscheint mir, *offen und klar zu fragen*:
– Was möchten Sie durch Ihr Kommen erreichen?
– Wobei kann ich Ihnen hilfreich sein?
– Was soll für Sie heute am Ende herauskommen, dass Sie zu sich sagen, Sie sind auf dem Weg, wo Sie hinwollen?

So einfach solche Fragen auch aussehen, so schwer kann es für Kund(inn)en sein zu antworten, denn sie kommen aufgrund eines *Anliegens* und das bezieht sich auf eine irgendwie geartete Einschränkung (Leid, Krankheit, Symptom, Dysfunktion). Und ich denke, es ist nur berechtigt, wenn Kund(inn)en ihr *Anliegen* erläutern. Also wäre auch eine Eingangsfrage denkbar, die auf das Anliegen zielt:

- Was führt Sie zu mir?
- Was ist der Grund Ihres Kommens?

Anliegen – und darin sehe ich den Unterschied – beziehen sich in der Regel auf *Probleme*. Fragen Sie also nach dem Anliegen, laden Sie zu einer Problembeschreibung ein.

Beginnt die Kundin/der Kunde mit einer Problembeschreibung, so löst das bei mir viele Assoziationen aus, die sich auf mein eigenes Erleben, meine Vorstellung von dem, was er oder sie meint, oder mein Fachwissen beziehen. Anders gesagt: Im Verlauf der Schilderung des Anliegens entwickle ich bereits Hypothesen über »dahinter liegende« Ursachen und Konsequenzen.

Damit ist eine *Einladung zu einem Spiel »Wer weiß, was stimmt?«* ausgesprochen, allerdings nicht offen, sondern implizit. Und genau an dieser Stelle bemühe ich mich um eine respektvolle Klärung, die der Kundin/dem Kunden wie mir selbst gerecht werden soll: Ich unterbreche, frage und begründe, warum ich das tue.

Jede Unterbrechung stellt eine Art *soziale Unhöflichkeit* dar, die für mich zu dieser Art Arbeit gehört. Sie macht gleichsam einen Unterschied, der einen Unterschied macht, wie Bateson formulierte. Die Kundin/der Kunde kommt eben *nicht* zu mir, um ein Alltagsgespräch zu führen, sondern mit *Erwartungen*, die sich auf die *Zukunft* richten. Die Zukunft, in der für die Kundin/den Kunden etwas *anders* geworden sein soll. Aber was? Genau das ist die Frage nach dem Ziel – und die leitet jede Handlung im Sinne eines kontinuierlichen Rückkopplungsprozesses.

Unterbreche ich die Kundin/den Kunden, dann bedarf es einer ausdrücklichen *Wertschätzung* dessen, was sie oder er erzählt.

> Auch an dieser Stelle möchte ich auf etwas Grundsätzliches verweisen:
> In der Praxis kann ich nur das tun, von dem ich auch überzeugt bin! Deshalb sage ich: *Keine Tricks!*
> Therapie ist immer eine Begegnung von Menschen und keine Trickserei. Wenn ich also etwas möchte, von dem ich denke, dass es sinnvoll sein kann, ich aber nicht so ganz dahinter stehe (z. B. eine positive Umdeutung bei nachhaltig formulierter Trau-

rigkeit, unterstützt von Tränen), dann wäre es sicher hilfreich, das *eigene Dilemma respektvoll* zu benennen:
»Im Moment stecke ich so ein wenig in der Zwickmühle. Ich höre und sehe, wie schwer es Ihnen fällt, wie traurig Sie sind [die genauen Worte der Kundin/des Kunden verwenden]. Ich sehe daneben noch etwas mehr, was zunächst so gar nicht dazu zu passen scheint. Das würde ich Ihnen gern sagen, traue mich aber nicht so richtig, weil ich Sorge habe, Sie könnten meinen, ich würde Ihr Leid [Worte der Kundin/des Kunden verwenden] nicht ernst nehmen ...«
Dabei beobachte ich die Kundin/den Kunden und orientiere mich an ihrer/seiner verbalen und nonverbalen Rückmeldung.
Sie merken schon – es geht um die *beiden Seiten eines Dilemmas*, um das Leiden und die darin auch mitschwingende Kraft und Stärke. Und diese beiden Seiten (der Medaille) sind noch nicht alles: Es gibt noch *die dritte Seite (der Medaille)*, denn beide Seiten werden in und durch die Person der Kundin/des Kunden miteinander verbunden.

Wertschätzen und *respektieren* sind in meinen Augen *die* unentbehrlichen Grundzutaten. Deshalb steht für mich der wertschätzende Rahmen – die Orientierung an der Kompetenz, das Forschen nach früheren Erfolgen, das Erkunden von augenblicklichen Stärken – im Zentrum meiner Arbeit.

Was ist mit den Formalitäten?

Besonders in der freien Praxis taucht die Frage auf, an welcher Stelle die Formalitäten der Arbeit geklärt werden, also zum Beispiel die Art der Arbeit, die Häufigkeit der Sitzungen, die Teilnahme verschiedener Personen, die Bezahlung. Bereits bei der telefonischen Anmeldung teile ich am Ende des Gesprächs mit, dass diese Klärungen zum Abschluss des Erstkontaktes erfolgen (s. S. 88 und 97).

In den Kontexten Arztpraxis und Bewährungshilfe, bei denen die Zuweisung personengebunden über die Ärzte oder Bewährungshelfer erfolgt, gebe ich diese Informationen zu Beginn des Erstgesprächs, ebenso die, wozu dieses erste Gespräch dienen soll – dem Kennen lernen. Denn die Arbeit beginnt sofort, damit die Kund(inn)en am Ende des Erstgesprächs einen Eindruck davon haben, was sie erwartet und auf was sie sich einlassen.

In den Anfangsjahren meiner Tätigkeit begann ich Erstgespräche mit solchen eher formalen Fragen, gewann im Laufe der Zeit allerdings die feste Überzeugung, dass dies den Erwartungen der Leute wenig entsprach: Zum einen kamen sie aus anderen Gründen (nämlich mit ihren Anliegen) und zum anderen wussten sie nicht (so genau), was sie erwartete. Deshalb biete ich seit Jahren einen Eindruck an, eine persönliche Erfahrung, wie es sich anfühlt, mit mir zu arbeiten. Auf diese Art kann eine sicherere Basis entstehen, eine Entscheidung zu treffen, die durchaus nicht sogleich erfolgen soll, sondern – eingedenk des Volksmundes, eine Entscheidung erst einmal zu überschlafen – bitte ich Kund(inn)en, sich zu melden, wenn sie weitermachen möchten.

Die Kundigkeit mache ich auch an einem weiteren Punkt fest: Ich sage den Leuten nicht, ob oder dass Sie einen Termin brauchen. Diese Entscheidung überlasse ich ihnen, ob und wie oft und wer kommen will. Denn die Kund(inn)en können am besten einschätzen, ob das, was sie erhalten, für sie Sinn und Nutzen macht. Und zugleich bleiben sie immer »Herr (oder Frau) des Verfahrens«. Ich bin Dienstleister, der zur Verfügung steht, wenn er gebraucht wird (vgl. Efran 2002, S. 35).

Mit diesem Vorgehen habe ich gute Erfahrungen gemacht – die Kund(inn)en holen sich das, was sie brauchen. Darüber hinaus melden sich einige von ihnen teilweise nach Jahren wieder mit dem Satz »Ich brauche einen Termin bei Ihnen.« Und so ist es dann auch: Sie brauchen wirklich nur einen Termin.

Wie geht's dann weiter?

Ich werde im Folgenden ein Erstgespräch entwerfen und an einigen Verzweigungen verdeutlichen, welche Handlungsmöglichkeiten ich habe und was Gründe sein können, mich für diese oder jene zu entscheiden. Ich setze an, nachdem die Kundin/der Kunde Platz genommen hat. Ein erstes Joining hat also bereits ebenso stattgefunden wie eine kontextangepasste Information über die Arbeitsbedingungen.

In diesen ersten Minuten ist es mir wichtig, *auch* auf mein Wohlbefinden zu achten. Deshalb beobachte ich mich genau, meine Sitzposition, mein Atmen und anderes, was dazu gehört. Ich habe – wie Sie gewiss auch – bevorzugte Sitzpositionen, die mein Wohlbefinden unterstützen. Darauf achte ich. Ist die körperliche Unterstützung meines Wohlbefindens hergestellt, kann es weitergehen. Ist dem nicht so, entscheide ich, wie wichtig es *in diesem Moment* ist, mein Wohlbefinden zu verbessern oder ich überlege, was zu meinem Befinden geführt hat.

> Mir ist mein Wohlbefinden deshalb wichtig, weil ich nur dann in der Lage bin, meine (professionellen) Ressourcen optimal zu nutzen.
> Mein Wohlbefinden ist für mich immer interaktional definiert – in der Beziehung zu oder mit meiner Kundin/meinem Kunden. Dabei ist das Wort *mit* für mich entscheidend – alles, was geschieht, geschieht immer *mit*, nie auf Kosten von Kund(inn)en.
> Und mein Wohlbefinden hat auch eine körperliche Dimension, der ich relativ leicht nachspüren kann: Sitzhaltung, Atmung, Blickrichtung.

Nun kommt mein Part – die Organisation und Strukturierung eines (Erst-) Gesprächs. Als Blaupause dient mir dabei das folgende Schema (s. nächste Seite).

Sie erinnern sich an meine Regel? Die erste Frage stelle immer ich, denn mit der Frage strukturiere ich. Deshalb steht ganz oben in der Graphik »Frage«. Und mein/e Kunde/Kundin antwortet – immer! Was und wie er/sie antwortet, ist allerdings nicht vorhersagbar. Deshalb bewerte ich die Antwort nach *meinem* (Erwartungs-)Schema: »Ist meine Frage beantwortet?«

Gerade zu Beginn beantworten Kund(inn)en oft Fragen, die gar nicht gestellt worden sind. So lautet eine meiner zielfördernden

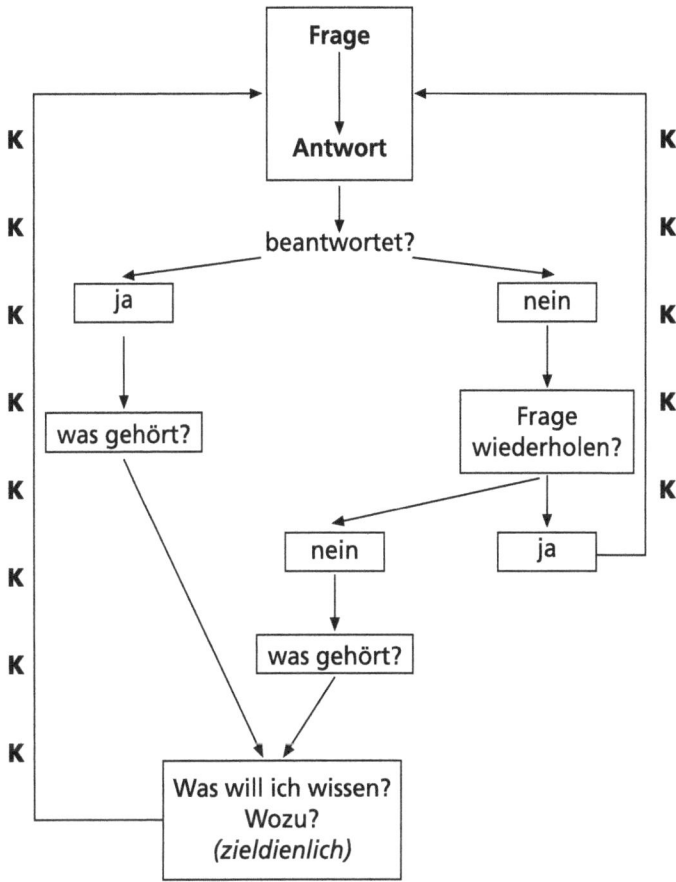

Abbildung 2

(im Sinne von zielherausarbeitenden) Fragen: »Was ist Ihr Ziel? Was möchten Sie heute erreichen? Wobei kann ich Ihnen heute hilfreich sein?«
Die Antwort der Kundin/des Kunden kann etwa lauten: »Wissen Sie, es geht mir schlecht. Ich bin oft niedergeschlagen«, oder: »Unser Sohn will nicht. Immer ist er gegen alles. Und in der Schule … da geht es auch nicht mehr.« Dies sind alles legitime Antworten – allerdings auf Fragen, die ich *nicht* gestellte habe.

Ich kläre für mich, ob die Frage für mich »beantwortet« ist. Dazu gibt es zwei Entscheidungsmöglichkeiten, denen ich nachgehe.

Die Frage ist nicht beantwortet.
Die Kundin/der Kunde hat sicherlich »gute Gründe« gehabt, die Frage so zu beantworten, wie ich sie für nicht beantwortet halte. Diese »guten Gründe« gilt es zu würdigen und wertzuschätzen – deshalb das »K« am Rand der Graphik für »Komplimente machen«.

Konstruktivistische Ideen verweisen darauf, dass Menschen etwas tun, weil es ihnen derzeit entspricht, für sie Sinn macht, gut ist oder nützlich – auch wenn dies für eine/n außenstehende/n Beobachter/in nicht unbedingt nachvollziehbar erscheint.
Jede Konstruktion von »Wirklichkeiten« ist nach einem solchen Verständnis »gleich gültig«, allerdings durchaus nicht gleich wünschenswert.
Daher hat auch jede Konstruktion einer »Wirklichkeit« *gute Gründe* dafür, dass sie so und nicht anders aussieht – auch wenn ich diese Gründe nicht unbedingt teilen muss.

Ich entscheide mich, die Frage zu wiederholen.
Eingebettet in respektvolle Wertschätzung (»K«), indem ich beispielsweise sage: »Ja, das ist nicht einfach, oft niedergeschlagen zu sein ... Mich interessiert, wie ich Ihnen hilfreich sein kann. Was Ihr Ziel für heute ist.«

Die Kundin/der Kunde antwortet – und wieder entscheide ich, ob die Frage für mich beantwortet ist. Ist sie nicht beantwortet, stehe ich erneut vor der Alternative, die Frage wertschätzend zu wiederholen oder nicht.

Ich entscheide mich erneut, die Frage zu wiederholen.
Eingebettet in Komplimente: »Ich kann verstehen, wie schwer es Ihnen fällt, wie wichtig es Ihnen ist, dass ich Ihre Situation erst einmal verstehe, in all dem Leid und Leiden ... Mir hilft es, mich zu orientieren, wenn ich etwas genauer weiß, was Sie erreichen

möchten, was Sie ändern möchten, was Ihr Ziel ist. Die Frage klingt so einfach – und ist doch schwer zu beantworten ...«

Die Kundin/der Kunde antwortet erneut – und wieder entscheide ich, ob die Frage für mich beantwortet ist. Ist sie nicht beantwortet, stehe ich erneut vor der Alternative, die Frage wertschätzend zu wiederholen oder nicht.

Die Frage ist weiter für mich nicht beantwortet.
Jetzt ist es wichtig, die Kundin/den Kunden weiterhin genau zu beobachten: Gibt es Anzeichen, dass sie/er sich nicht verstanden, nicht ernst genommen fühlt oder ungehalten wird, was sich in Worten und mimischen Reaktionen zeigen kann. Ist dem so, entscheide ich mich, die Frage nicht zu wiederholen.

> Praktisch mache ich mir an diesem Punkt eine Notiz (ich arbeite immer mit Papier und Bleistift), so dass ich später auf die Zielfrage zurückkommen kann, denn ohne Ziel verliert die Arbeit ihren professionellen Charakter.

Jetzt stehe ich vor der Entscheidung, welche nächste Frage ich stelle, wenn ich nicht genau weiß, wo die Reise der Kundin/des Kunden hingehen soll. Dabei erscheint es mir wichtig, mir noch einmal zu vergegenwärtigen, was ich gehört habe, um mich nicht zu schnell in meinen eigenen Hypothesen zu verfangen (s. S. 105f.).

Bei vorgetragenem Leiden bietet es sich oft an, eine Skalierungsfrage zustellen:

»Das ist deutlich, es geht Ihnen nicht gut ... Sie leiden ... Ich möchte, dass das für mich ein wenig deutlicher wird ... Denken Sie sich eine Skala von 1 bis 10, wobei 1 bedeutet »ich leide, schlimmer kann es nicht mehr werden« und 10 bedeutet »Leiden? Wie kommen Sie darauf, es geht mir gut«. Wo genau auf dieser Skala stehen Sie jetzt?«

> Meine Art, mit Skalen umzugehen, hat zwei Besonderheiten:
> 1. Meine Skala kennt keinen Nullpunkt, sondern beginnt immer bei »1«.
> 2. Eingedenk der Kultur, in der ich lebe, wo »mehr« meist mit »besser« assoziiert wird, bezeichnet der Wert »10« immer den Pol, von dem ich annehme, dass er der erwünschte(re) sei. Bei der Einstufung von Leid, Angst oder Ähnlichem nimmt das Ausmaß in Richtung »1« zu und mit »10« ist der angstfreie, leidlose Zustand beschrieben.

Die Antwort (Zahl) kann ich dann verwenden, um weiter zielfördernde Fragen zu stellen oder mir das Leid konkreter beschreiben zu lassen.

Die Frage ist beantwortet.
Ich stehe vor der gleichen Entscheidung, die ich beschrieben habe: Ich muss mir vergegenwärtigen, was genau ich gehört habe und wie ich daran anknüpfen möchte.
Die Leitfrage bezieht sich – selbstverständlich – auf das Ziel: »Was will ich wissen und wozu?«

> Papier und Bleistift leisten mir unschätzbare Hilfe.
> Benennt die Kundin/der Kunde ihr/sein Ziel, so notiere ich mir dieses Ziel wörtlich und frage gegebenenfalls nach, um es mir weiter in *konkreten Handlungen* beschreiben zu lassen.
> Benennt die Kundin/der Kunde kein Ziel, so notiere ich mir dies mit einem Kürzel auf meinem Block (z. B. rechts oben »Ziel«), damit ich später auf diese Frage zurückkommen kann.

So gesehen wird der Prozess der (beraterisch-therapeutischen) Arbeit durch die immer wieder einzubringende Frage geleitet: »*Wenn wir so darüber reden, wie wir jetzt darüber reden, sind Sie dann auf dem Weg dorthin, wo Sie hin wollen?*«

Drei Beispiele

Anhand dreier Beispiele möchte ich Ihnen jetzt zeigen, wie ich meine Ideen in der Praxis umsetze. Das erste betrifft eine Frau, die mit einer klaren Diagnose kommt und konkrete Vorstellungen über das Vorgehen hat. Im zweiten geht es um einen Kunden, der mit einer Diagnose kommt und geschickt wurde, und im dritten geht es um die Arbeit mit einer dreiköpfigen Familie.

Es handelt sich bei der Darstellung um fiktive Gespräche, was es leichter möglich macht, eine Blaupause vorzustellen, zu entwerfen und zu beschreiben. Sie haben die Möglichkeit, Ihre eigenen Ideen einzubringen, indem Sie einfach meine Kommentare nach jedem Gesprächsbeitrag zudecken, sich fragen, was Sie gehört haben, was Ihnen als nächster Schritt einfallen würde und dann mit meinen Kommentaren – die eben auch nur Ideen und Möglichkeiten (und nicht das »Richtige« oder die »Wahrheit« sind) benennnen – zu vergleichen.

Alle Beispiele beginnen nach der Begrüßung und der Darstellung der Arbeitsbedingungen

Beispiel 1

Berater: *Was möchten Sie erreichen, wenn Sie hierher kommen?*
Nach der Begrüßung und Klärung der Arbeits- und Rahmenbedingungen kommt sofort die Frage nach dem Ziel – einfach, klar und direkt.

Kundin: *Wissen Sie, mir geht es einfach schlecht. Ich habe eine Depression. Ich komm' kaum noch hoch, mache kaum noch etwas, habe zu nichts richtig Lust. Erst dachte ich, na ja, das geht vorbei, und als es dann schlimmer wurde, wusste ich mir keinen Rat mehr. Das muss doch einen Grund haben, oder?*
Die Kundin beantwortet die Frage *nicht*, sondern geht zur Problembeschreibung über. Dabei benutzt sie einen Fachbegriff (»Depression«), beschreibt ihr Befinden (»Gefühl«) und thematisiert die Frage nach der Ursache.

Berater: *Bestimmt hat das einen Grund – oder mehrere. Es geht Ihnen einfach schlecht, sagen Sie. Sie haben eine Depression. Nennen Sie das so oder hat Ihnen das jemand gesagt?*
Der Berater bestätigt und wertschätzt, indem er die Idee, nach dem Grund zu fragen, aufgreift – und sie zugleich ein wenig verflüssigt, indem er die Idee einführt, es könne mehrere Gründe geben. Zugleich klopft er ab, inwieweit dieser Fachbegriff von der Kundin selbst stammt.

Die Frage nach dem Ziel wird noch nicht wiederholt, weil der Berater es für angebracht hält, die Sicht der Kundin zu respektieren und zu würdigen, ehe er wieder auf das Ziel zusteuert.

Kundin: *Nein, nein, das weiß ich, das ist eine Depression. Ich habe auch schon einiges dazu gelesen und ...*
Die Kundin bleibt dabei, es sei »ihr« Begriff, und macht ihre Kompetenz deutlich, indem sie darauf verweist, dass sie sich informiert hat.

Berater (unterbricht): *... ja, da haben Sie sich kundig gemacht, genau ... was mich interessiert – wann haben Sie gemerkt, nein, woran haben Sie gemerkt, dass Sie eine Depression haben?*
Der Berater unterbricht, indem er der Kundin ein Kompliment macht (»kundig«). Damit ändert er die Richtung des Gesprächs – weg von einer Fachdebatte, hin zu der Kundin und ihren Vorstellungen.
Der Berater macht offen, woran er interessiert ist – er möchte mehr darüber erfahren, was die Kundin dazu gebracht hat, eine Depression zu diagnostizieren (»bemerken«). »Merken« scheint mir ein Begriff, der sowohl eine Beschreibung von Gefühlen als auch von Handlungen ermöglicht und zugleich die *Beobachtungskompetenz* der Kundin hervorhebt.

Kundin: *Na ja, ich wurde so lustlos, mochte gar nichts mehr so richtig tun, weinte immer, weil mir so viel so nahe ging. Meine Familie klagt auch schon. Und die Kinder ...* (Tränen)
Die Kundin greift die Problembeschreibung auf, benennt einige Gefühle und bringt – was neu ist – andere Personen ins Spiel.

Berater: *Lustlos, mochten gar nichts mehr tun, so viel ging Ihnen so nahe ... ja ... und wie kamen Sie dann drauf, dass das eine Depression sei?*
Berater wertschätzt und respektiert, indem er das Leiden mit den Worten der Kundin aufgreift, um auf seine Frage nach dem »merken«, abgewandelt als »drauf kommen« zu wiederholen.
Der Konjunktiv (»dass das eine Depression *sei*) soll auch dazu beitrage, das Etikett leichter zu verflüssigen – und ist insofern nötig.

Kundin: *Das hat mir mein Hausarzt gesagt, als ich ihm das erzählte. Sie sind depressiv, sagte er.*
Kundin bringt ins Spiel, dass ein Fachmann das Etikett als solches benannt hat.

Berater: *Ah ja, Ihr Hausarzt hat Ihnen das gesagt. Ach so ...*
Berater bestätigt und das ist immer auch wertschätzend.

Kundin nickt.
Berater: *Und Sie, wie nennen Sie das?*
Berater greift die Frage wieder auf und kommt auf die Kundin und ihre Konstruktionen zurück.

Kundin: *Ich? Ich bin immer so traurig und niedergeschlagen. Ich hab nah am Wasser gebaut ...*
Kundin verwendet hier nicht mehr den Begriff Depression, sondern beschreibt wieder Probleme und benennt Gefühle.

Berater: *Genau ... traurig, niedergeschlagen, haben nah am Wasser gebaut ...* (schaut Kundin an, nickt) *... Und jetzt sind Sie hier ... Und was genau möchten Sie erreichen, so dass Sie heute, wenn Sie gehen, sagen können, es war eine gute Idee von mir, hierher gekommen zu sein?*
Berater bestätigt die Kundin in ihrem Leid, verwendet ihre Worte und greift die Zielfrage an dieser Stelle wieder auf – dies scheint als ein guter Zeitpunkt: die Kundin hat ihr Problem, ihr Leid, ihre Gefuhle schildern können, hat viel Wertschätzung und Bestätigung erhalten, so dass nun der Zeitpunkt gekommen ist, wieder an den

Anfang (Was möchten Sie erreichen, wenn Sie hierher kommen?) zurückzukehren, auch indem der Blick nach vorn in die Zukunft auf das Ziel gerichtet wird.

Kundin (nachdenklich): *... Na ja ... ich möchte einfach wissen, woran es liegt ... Es muss doch einen Grund haben.*
Kundin greift das Ziel »Grund/Ursache erkennen« auf.

Berater: *Genau, es muss einen ... vielleicht auch mehrere Gründe haben. Und den wollen Sie herausfinden?*
Berater bestätigt, dass es einen Grund geben muss und führt ein Stück Unsicherheit ein, indem er wieder die Idee mehrerer Gründe aufgreift.

Kundin: *Ja, genau, das will ich.*
Kundin bestätigt.

Berater: *Und wenn Sie den hier heute herausgefunden haben, dann war's das? Dann haben Sie Ihr Ziel erreicht?*
Berater überprüft das Ziel, indem er danach fragt, ob mit Erreichen dieses Zieles die Arbeit beendet werden kann.

Kundin (schaut überrascht auf): *Nein, dann will ich das natürlich ändern, wenn ich erst mal den Grund kenne.*
Kundin benennt ein *zweites* Ziel (»ändern«).

Berater: *Ah ja, dann wollen Sie es ändern ... Jetzt bin ich ein wenig durcheinander, weil ich nicht genau weiß, was Sie wollen? Wollen Sie den Grund herausfinden, oder wollen Sie es ändern?*
Berater bestätigt auch dieses Ziel und geht dann auf seine eigene Situation ein, die er offen legt (»durcheinander«). Er nimmt die Kundin ernst, indem er sie einfach fragt, was helfen kann, das eigene Durcheinander aufzulösen.

Kundin: *Ja, ändern natürlich. Und dazu muss ich doch wissen, woran es liegt.*
Kundin präzisiert ihr Verständnis: Erst die Ursache herausarbei-

ten, dann ändern. Das könnte bedeuten, dass »ändern« das Oberziel ist und »Ursache finden« ein Schritt auf dem Weg dorthin.

Berater: *Das weiß ich nicht genau. Mich interessiert, was Sie genau wollen. Und Sie wollen es ändern.*
Berater bleibt bei *seinem* Durcheinander und fragt nach, was die Kundin auf ihr Anliegen und Ziel fokussiert.

Kundin: *Ja, klar.*
Berater: *Und dazu wollen Sie wissen, woran es liegt?*
Kundin: *Ja, wie denn sonst? Ich muss doch erst wissen, woran es liegt, ehe ich daran gehen kann, es zu ändern.*
Kundin bestätigt, dass die Ursache ein Schritt auf dem Weg zum Ziel der Änderung darstellt.

Berater: *Ah ja, jetzt sehe ich schon klarer. Und ... angenommen, nur einmal angenommen ... es würde uns gelingen, es würde Ihnen gelingen, die Ursache, die Ursachen, genau zu finden, zu bestimmen ... und Sie gehen dann daran, es zu ändern. Was genau wäre dann der erste kleine Schritt, die erste kleine, die erste klitzekleine Änderung, die Sie bemerken würden, die Ihnen zeigt, Sie sind auf dem Weg, wo Sie hin wollen?*
Berater wertschätzt die Antwort der Kundin, indem er deutlich macht, welchen positiven Effekt sie hatte (»sehe schon klarer«). Dann arbeitet er mit daran, das Ziel zu konkretisieren, indem er wieder den Unterschied erfragt, den das Ziel für die Kundin macht. Dabei bietet er in seiner Frage zwei Antwortrichtungen an: eine Präzisierung des Zieles oder eine Präzisierung des Weges der kleinen Schritte.

Kundin (nach einer Pause): *Ich wäre nicht mehr so oft so niedergeschlagen, so traurig.*
Kundin beschreibt ihre Gefühle im Sinne einer Abwesenheit der »negativen« Gefühle.

Berater: *Das wäre der erste Schritt, an dem Sie es merken. Ja, da sind Sie eine gute Selbstbeobachterin, wenn Sie das gleich und genau er-*

kennen. Prima ... nicht mehr so oft traurig, sagen Sie. Was genau ist nicht mehr so oft?
Berater wertschätzt und bestätigt und baut zugleich das Kompliment »gute Selbstbeobachterin« ein, was eine gute Voraussetzung für eine weitere Selbstbeobachtungsaufgabe darstellt – nämlich die Präzisierung des Zielverhaltens (»Was genau ist nicht mehr so oft?«).

Kundin: *Na ja, wenn ich morgens die Augen aufmache, dann möchte ich mich am liebsten gleich verkriechen, liegen bleiben. Dann wünsche ich mir, es wäre schon Abend.*
Kundin fokussiert auf Probleme.

Berater: *Das kann ich verstehen, so wie Sie beschrieben haben, wie es Ihnen geht. Das leuchtet mir ein ... und wenn Sie jetzt den ersten kleinen Schritt gemacht haben, nicht mehr so oft so niedergeschlagen, so traurig ... wie wäre es dann? Würden Sie sich dann erst nach dem Aufstehen verkriechen oder würden Sie montags gerne aufstehen oder ...?*
Berater wertschätzt und äußert Verständnis. Hier ist eine kritische Schnittstelle – der *Übergang von Problemsprache zu Lösungssprache* – und es kommt darauf an, das Tempo der Kundin mitzugehen, statt sie zu sehr zu (be-)drängen.
Da die vorangegangene Frage nicht beantwortet wurde, entschließt sich der Berater, die Frage zu wiederholen und die Worte der Kundin zu verwenden und ihr zugleich Alternativen anzubieten.

Kundin (langsam): *Ich weiß nicht, ich glaube, ich würde aufstehen und einfach nicht so viel nachdenken.*
Kundin beschreibt konkretes Verhalten (»aufstehen«) und eine innere Tätigkeit, die sie *nicht* mehr machen würde (»nicht so viel nachdenken« – ein negativ formuliertes Ziel).

Berater: *Ah ja, Sie wären traurig, niedergeschlagen und (betont) Sie würden aufstehen und nicht so viel nachdenken. Das stell' ich mir ziemlich schwer und anstrengend vor.*

Berater wertschätzt und äußert Verständnis, auch indem er die Worte der Kundin wiederholt und darüber hinaus die Anstrengung, dies zu tun (eine Fähigkeit und Kompetenz!) hervorhebt.

Kundin nickt.
Der Berater interpretiert das Nicken als Zustimmung – sowohl zum Leid wie zur Kompetenz.

Berater: *Und wenn Sie dann aufstehen und nicht so viel nachdenken – was geht Ihnen dann anderes durch den Kopf, was Ihnen hilft, aufzustehen?*
Berater wertschätzt, indem er die Worte der Kundin aufgreift und seine Frage so wiederholt, dass die Kundin die Möglichkeit hat, Alternativen im positiven Sinne (»Was geht Ihnen dann *anderes* durch den Kopf?«) zu finden – wobei »durch den Kopf gehen« nicht mehr so ausschließlich auf die Gefühle abzielt, sondern ebenso eine Handlungsorientierung möglich machen kann.

Kundin: *Ich würde mich freuen, wenn ich meine beiden Kinder sehe und erlebe ...*
Kundin beschreibt erneut ihr Gefühl – dieses Mal allerdings ein eher positives.

Berater (lächelt): *Hm, das kann ich mir gut vorstellen, wenn ich da an meine Kinder denke. Was mich interessiert: Wenn Sie das so schaffen, aufstehen ... nicht so viel nachdenken ... sich freuen, wenn Sie Ihre beiden Kinder sehen. Ist das ein erster kleiner Schritt oder schon ein größerer?*
Berater wertschätzt und bestätigt – auch indem er auf seine eigenen Erfahrungen und Gefühle zurückgreift.
Der Berater hätte sich jetzt auch das Gefühl konkreter beschreiben lassen können (operationalisieren) oder sich beschreiben lassen, wie die Kinder erkennen, dass sich die Mutter freut (bezieht das Handeln der Mutter ebenfalls ein). Der Berater entscheidet sich aber hier erneut dafür, seine Frage aufzugreifen, um zu klären, ob es sich um einen kleinen oder größeren Schritt handelt. Oft neigen Kund(inn)en dazu, große Schritte machen zu wollen – ein Aus-

druck ihrer Ungeduld, das Problem hinter sich zu lassen. Das kann gut gehen, muss aber nicht. Und kleine Schritte erhöhen die Wahrscheinlichkeit eines Erfolgs.

Kundin (nach einer Pause): *Ich glaube, das ist schon ein großer Schritt. Wenn mir das gelingt, dann ... ja, das wäre toll.*
Kundin reflektiert über den Weg und die Schritte.

Berater (nickt und lächelt): *Genau, das wäre schon ein Schritt, ein richtiger großer, ein Riesenschritt vielleicht sogar ... Mich interessiert, nachdem wir hier heute erfolgreich zusammenarbeiten, was denken Sie, wäre ein erster kleiner Schritt, den Sie morgen machen werden?*
Berater wertschätzt und respektiert, und geht wieder zurück auf seine Frage, wobei die Form impliziert, dass erfolgreich gearbeitet werden wird.

In diesem Sinne mäandert das Gespräch immer wieder und immer weiter um die Konkretisierung des Ziels.

Beispiel 2

Berater: *Was kann ich für Sie tun?*
Berater steuert direkt und klar eine Zielaussage an, indem er nach dem Auftrag (was erwartet der Kunde, was der Berater tun soll oder kann) fragt.

Kunde: *Ich bin Alkoholiker.*
Kunde antwortet nicht auf die Frage, sondern gibt eine Selbstbeschreibung vor, die – in Form des »ich bin« und eines Substantivs (»Dingwort«) – eher festschreibend scheint.

Berater (nickt): *Ah ja, Alkoholiker sind Sie ... Und was kann ich für Sie tun?*
Berater wertschätzt und respektiert, indem er die Aussage wiederholt. Dann wiederholt er seine noch unbeantwortete Auftragsfrage.

Kunde (nach einem kurzen Stutzen): *Wie gesagt, ich trinke. Im Grunde zu viel und meine Frau sagte, wenn ich nicht etwas dagegen täte, dann ...*
Das kurze Stutzen könnte als Irritation interpretiert werden, so dass der Berater auf Anzeichen von zu großer Abweichung vom Erwarteten mit Wertschätzung und öffentlicher Reflexion reagieren sollte.
Der Kunde wiederholt seine Selbstbeschreibung (dieses Mal mit einem Verb – »trinken«), bezieht seine Frau mit ein, die offensichtlich bedeutsam ist, denn ihre Reaktion auf das Trinken scheint den Kunden zum Kommen veranlasst zu haben. Der Kunde lässt allerdings offen, was seine Frau tun würde, denn er bricht im Satz ab.
Das Problem, das bis hierher ebenso wenig eindeutig definiert ist wie das Ziel, scheint sich also im interaktionalen Bereich (Beziehung des Paares) zu zeigen.

Berater: *Ah ja, es war die Idee Ihrer Frau zu kommen. Und Ihnen ist Ihre Frau so wichtig, dass Sie dem auch nachgehen. Toll! ... Mich interessiert jetzt sehr, weil mir das hilft, mich besser zu orientieren, mich besser auf das einzustellen, was Sie wünschen, was Sie wollen, wenn ich erst einmal weiß, was Sie wollen, was ich für Sie tun kann.*
Berater macht dem Kunden ein Kompliment, indem er das *Motiv* des Kunden in dem Sinne positiv definiert, dass ihm seine Frau so wichtig ist, dass er gekommen ist. Da die Frage nach dem Ziel noch unbeantwortet ist, wiederholt der Berater – nach dem ausdrücklichen Kompliment – seine Frage, denn bisher, so der Eindruck, geht der Kunde mit. Der Berater begründet diese Wiederholung, indem er darauf hinweist, dass es für ihn selbst wichtig ist, dies zu wissen, um optimal helfen zu können.

Kunde: *Das habe ich Ihnen doch schon gesagt!*
Die Reaktion kann unterschiedlich interpretiert werden – möglicherweise fühlt sich der Kunde unverstanden, begreift den Berater als eher inkompetent oder Ähnliches – was ebenso darauf verweisen könnte, dass der Kunde davon ausgeht, seine Form der »Kurzbeschreibungen« würde gewissermaßen »selbstverständlich«

von den anderen (hier dem Berater) verstanden werden. Das könnte darauf verweisen, dass es nützlich sein könnte, den Kunden stärker anzuhalten, Selbstverständlichkeiten zu erläutern – ohne dass dieser sich deshalb angegriffen fühlt. Um nicht belehrend oder kritisierend zu wirken, sind Wertschätzen und Respektieren gefragt.

Berater: *Entschuldigen Sie, vielleicht bin ich heute ein wenig begriffsstutzig oder habe es einfach noch nicht verstanden. Das passiert mir manchmal. Entschuldigen Sie bitte. Sagen Sie es einfach noch mal, was ich für Sie tun kann.*
Berater bezieht alles auf sich, auf sein Unvermögen, um Anklagen und Schuldzuweisungen soweit wie möglich vorzubeugen. Und er wiederholt dann die Frage, was diesem Rahmen entspricht.

Kunde: *Ich bin Alkoholiker, ich trinke.*
Kunde wiederholt seine Selbstbeschreibungen (»Alkoholiker«, »trinken«).

Berater: *Ja, genau. Das habe ich verstanden. Das sind Sie oder besser, das genau* (betont) *tun Sie. Und was* (betont) *wollen Sie, was* (betont) *möchten Sie?*
Berater macht deutlich, dass er die Antwort des Kunden verstanden hat und veröffentlicht noch einmal sein eigenes, aus der Antwort entspringendes Dilemma – seine Frage zielt auf die *Zukunft*, auf das, was der Kunde will und nicht auf das, was der Kunde ist oder derzeit tut. Durch die Betonung (»tun«, »wollen«, »möchten«) soll der Unterschied unterstrichen werden

Kunde: *Das ist doch klar, oder?*
Kunde bezieht sich auf bereits Gesagtes: Dass Selbstverständlichkeiten für ihn selbstverständlich nicht weiter hinterfragbar und verstehbar sind.

Berater: *Mir nicht. Tut mir leid. Wissen Sie, ich habe schon Leute hier gehabt, so ähnlich wie Sie, da hat die Frau gesagt, du musst was tun, und der Mann kam und im Grunde und das ist ja auch ver-*

ständlich, wollte er seine Ruhe haben, denn er war sicher, das Bierchen am Abend, das war in Ordnung und im Grunde wollte er nur Ruhe vor seiner Frau haben, die einfach allergisch auf jeden Tropfen Alkohol reagiert ... So etwas ist mir schon vorgekommen und deshalb frage ich am Anfang immer sehr genau nach dem, was die Leute wollen, also was Sie wollen ...
Berater bleibt auf »seiner« Seite und beginnt, eine Geschichte zu erzählen, die beleuchten hilft, was ihn zu seinen Reaktionen veranlasst. Zugleich illustriert sie, wie leicht sich aus Selbstverständlichkeiten sehr unterschiedliche Schlüsse ziehen lassen. Innerhalb eines solchen Rahmens erscheint es dem Berater passend und anschlussfähig, seine Frage nach Ziel und Auftrag zu wiederholen.

Kunde: *Nee, also ich ... ich will schon aufhören, ich trinke wirklich zuviel, aber das ständige Generve meiner Frau, da kann ich gar nicht aufhören ...*
Der Kunde geht mit und benennt ein eher allgemeines Ziel. Dass der Kunde in dieser Form antwortet, bewertet der Berater als Hinweis, dass die Wiederholungen der Frage anschlussfähig waren. Darüber hinaus formuliert der Kunde eine Beschwerde (»ständiges Generve der Frau«), die möglicherweise auf ein weiteres Ziel verweisen könnte.

Berater: *Habe ich das richtig verstanden? Ist das Ihr Ziel? Aufhören zu trinken?*
Berater greift die Zielformulierung auf, indem er das Ziel als »sicher« – nicht als »ich will das schon«, wie der Kunde formulierte, definiert, was in gewisser Weise eine erste Zielüberprüfung darstellt. Darüber hinaus ist es eine zusätzliche Absicherung für den Berater, um nicht an einem Ziel zu arbeiten, das kein Ziel des Kunden ist.

Kunde (nachdenklich, nach einer Pause): *Eigentlich, ich weiß nicht ... nee, ab und zu mein Bierchen, das muss schon so bleiben.*
Kunde reagiert positiv, indem er nachdenkt, im Zielbereich bleibt und sein Ziel präzisiert.

Berater: *Sehen Sie, das ist so ein Punkt, wo* (betont) *ich Schwierigkeiten habe, Sie genau zu verstehen. Sie sagen »ab und zu« und ergänzen »ein Bierchen« und sagen »muss so bleiben« ... Was heißt das genau? Also, zuerst interessiert mich – angenommen, Sie hätten Ihr Ziel erreicht, das Ziel »ab und zu« – was genau heißt das: stündlich, täglich, wöchentlich, monatlich?*

Berater bezieht sich auf den vorhergehenden Abschnitt – *Selbstverständlichkeiten nicht zu schnell zu verstehen* –, um sein Nachfragen noch einmal zu illustrieren. Diese Erfahrung, auf die der Berater hier verweist, nutzt er dann, um weiter nachzufragen, um die Zielformulierungen zu präzisieren.

Kunde (lächelt, schüttelt den Kopf): *Nee, nee, so nicht ...*
Das offensichtlich klare nonverbale Verhalten gilt dem Berater als Hinweis, dass der Kunde arbeitet, mitdenkt, dabei ist. Die Antwort hat allerdings noch nicht zu einer Präzisierung beigetragen.

Berater: *So nicht. Gut, wie dann? Was genau heißt bei Ihnen »ab und zu«?*
Berater bestätigt den Kunden und wiederholt einen Teil seiner Frage.

Kunde: *Also, abends beim Fernsehen mal ein Bierchen und am Wochenende dann eins mehr, so etwa ...*
Kunde benennt eine konkrete Situation, das Handeln selbst bleibt noch unscharf, so dass die Frage weiter unbeantwortet bleibt. Da der Kunde bisher mitgegangen ist, entscheidet sich der Berater, die Frage in leicht abgewandelter Form zu wiederholen.

Berater: *So etwa ... also, täglich ein Bierchen beim Fernsehen ... oder können es auch mal zwei sein? Oder kann es auch mal vor oder nach dem Fernsehen sein?*
Berater koppelt an, indem er die Worte des Kunden aufgreift, und wiederholt die Frage nach der Präzisierung, indem er auch Möglichkeiten vorgibt.

Kunde (schüttelt den Kopf): *Was soll das denn nun? Das verstehe*

ich nicht. Das ist doch kleinkariert. Genau wie meine Frau, die nervt mich auch immer so, genau so!
Kunde reagiert offenbar in seinem bisherigen Muster (zumindest interpretiert das der Berater so): Präzisierungen scheinen unangenehm, Selbstverständlichkeiten und Allgemeinaussagen werden bevorzugt. Unklar scheint im Moment, inwieweit der Kunde sich verstanden fühlt.

Berater: *Das tut mir Leid ... Ich möchte nämlich verstehen und herausfinden, was genau Sie wollen. Das hilft mir sehr, Ihnen zu helfen, wenn Sie das wollen. Denn ... angenommen, Sie sagen, wie Sie es gerade gesagt haben,* »*ein Bierchen*«*, meinen aber eins zu Beginn und eins am Ende des Fernsehens, dann sind das zwei. Ich oder besser: Ihre Frau nehme Sie beim Wort und das war* »*ein Bier*«*. Na klar, das haben Sie gar nicht so gemeint, aber woher sollte Ihre Frau das wissen? Also könnte Ihre Frau denken – der schon wieder. Sagt eins und trinkt zwei. So ist der. Und Sie denken, was hat sie nur, das war doch nichts, das war doch nur ein Bierchen. Und schon rappelt es – Sie fühlen sich, so haben Sie gesagt, genervt. Das leuchtet mir sehr ein. Würde mir vielleicht auch so gehen. Und Ihre Frau fühlt sich auch irgendwie genervt oder nicht ernst genommen, das leuchtet mir auch sehr ein ... deshalb bin ich manchmal sehr genau und frage sehr genau nach. Das ist manchmal für Sie recht mühselig, weil Ihnen die Antworten schon klar sind. Ihnen – mir noch nicht.*
Berater bemüht sich, am Kunden anzukoppeln und ihn weiterhin klar wertzuschätzen und zu respektieren, indem er sich entschuldigt und sein Verhalten damit begründet, den Kunden verstehen zu wollen, um ihm womöglich helfen zu können. Dazu entwirft er noch einmal sein Dilemma, wobei er zugleich die Alltagsinteraktion des Kunden einbezieht, indem er eine mögliche Sichtweise der Frau mit einspielt. Daraus entwirft der Berater ein Szenario, das beide Seiten des Dilemmas – also beide Beteiligten – würdigt, indem die Wahrnehmung aus verschiedenen Perspektiven betont wird.

Kunde: *Eben, da braucht meine Frau sich doch nicht gleich so anzustellen ...*

Der Kunde scheint positiv zu reagieren, indem er antwortet und am Ball bleibt. Allerdings scheint die Antwort ein Vorwurf an die Frau zu sein, was einer Entwertung gleich käme.

Berater: *Genau, das stimmt ... aus Ihrer Sicht. Stellen sie sich einfach einmal vor, Sie würden Ihre Frau sein, ja? Und dann erleben, dass Ihr Mann – vielleicht schon wieder? – statt einem Bier, wie er gesagt hat, zwei trinkt ... Wie würde es Ihnen damit gehen? Was würden Sie dann tun – wenn Sie Ihre Frau wären?*
Berater stimmt dem Kunden zunächst zu und relativiert dies dann im Sinne *einer möglichen* Sichtweise. Der Berater bleibt im Rahmen der Mann-Frau-Interaktion und führt einen Perspektivenwechsel ein. Die dahinter liegende Idee ist folgende: Der Mann schaut offenbar zumeist aus seiner Sicht und der Berater denkt, es könnte hilfreich sein, den Mann mit den Augen der Frau sehen zu lassen, auch um weitere einseitige Schuldzuweisungen zu relativieren.

Kunde: *Weiß ich nicht. Da müssen Sie meine Frau fragen.*
Kunde reagiert eher ablehnend, indem er bei seiner Sicht bleibt und die Frage insgesamt zurückzuweisen scheint.

Berater: *Klar, dann würd' ich wissen, wie es Ihrer Frau geht. Das stimmt. Mich interessiert etwas anderes – mich interessiert, was Sie denken, wie es Ihrer Frau geht. Deshalb meine Frage: Wenn Sie Ihre Frau wären, wie würd' es Ihnen dann gehen?*
Berater würdigt Sicht des Kunden ausdrücklich, indem er deutlich macht, wie berechtigt seine Äußerung und Sichtweise ist. Dann erläutert er den Hintergrund seiner Frage (veröffentlicht seine Idee) und wiederholt seine Frage.

Kunde (nach einer Pause): *Das weiß ich wirklich nicht. Keine Ahnung.*
Kunde scheint positiv zu reagieren – er nimmt sich Zeit zum Nachdenken und beschreibt offen, dass er nicht mit den Augen seiner Frau schauen kann.

Berater: *Das ist auch nicht einfach, sich das vorzustellen. Ich find's gut, dass Sie das auch so klar sagen. Gut, ich möchte gern noch einmal auf den Anfang zurückkommen. Ihre Frau wollte, dass Sie etwas tun. Was genau möchten Sie hier erreichen?*
Berater würdigt die Antwort, macht deutlich, wie schwer es ist und komplimentiert den Kunden für seine ehrliche Antwort. Dann entschließt sich der Berater, die Eingangsfrage nach dem Ziel wieder aufzugreifen (zumal die Frau als Auslöser für das Kommen genannt wurde und jetzt erneut von der Frau die Rede ist), ehe er sich von der Geschichte der Interaktion zwischen Mann und Frau forttragen lässt (ohne das Ziel zu kennen).

Kunde: *Ich weiß nicht genau ... ich glaube einfach, ich möchte, dass meine Frau mich mehr in Ruhe lässt ...*
Der Kunde beantwortet diese Frage und benennt ein weiteres Ziel.

Berater: *Was genau heißt das »Sie mehr in Ruhe lässt«?*
Berater bleibt am Ball und fragt weiter nach, um das Ziel in Handlungen der Beteiligten konkreter zu fassen. Denkbar wäre auch eine Skalierungsfrage – darauf verweist das »mehr« des Kunden –, wie: »auf einer Skala von 1 bis 10, wobei 1 bedeutet, dass Sie völlig davon genervt sind und 10 bedeutet, dass es in Ordnung ist. Wo genau befinden Sie sich da im Moment?«

Kunde: *Na ja, dass Sie nicht immer gleich losmeckert, mich mal in Ruhe lässt, nicht so viel nervt.*
Kunde benennt negative Ziele – das, was seine Frau (nicht er!) *nicht* mehr machen soll. Änderungen der Frau (also von jemand anderem) *liegen nun aber nicht im Kontrollbereich des Kunden.*

Berater: *Ah ja, nur, jetzt wird es für mich schwierig ... Sie sind hier, nicht Ihre Frau und die würden Sie gern ändern. Da bin ich neugierig: Angenommen, es könnte ja sein, irgendwie ... Ihre Frau würde nicht immer gleich losmeckern, würde Sie mal in Ruhe lassen. Was würden Sie dann anderes tun als jetzt? So dass es sich für Ihre Frau lohnt, sich so zu verhalten?*
Berater beschreibt ein weiteres eigenes Dilemma, indem er die un-

terschiedlichen Kontrollbereiche thematisiert und dann mit einer hypothetischen Frage den Kunden wieder ins Spiel bringt.

Auf diese Art arbeitet der Berater weiter daran, dem Kunden bei der Formulierung wohl formulierter Ziel behilflich zu sein.

Beispiel 3

Bei mehreren Personen, sei es ein Paar oder eine Familie, unterscheidet sich das Vorgehen prinzipiell nicht. Der Unterschied ist zunächst einmal ein rein »quantitativer« – es sind mehr Leute anwesend. Das verändert meine Aufgabe in dreierlei Hinsicht:
1. Ich gehe davon aus, dass jede Person eigene Wünsche hat und eigene Ziele verfolgt. Meine Aufgabe besteht darin, jeder Person ausreichend Zeit zu geben, das eigene Ziel zu erarbeiten.
2. Da notwendigerweise einige Personen immer zuhören (müssen), kommt es mir darauf an, diesen Personen ausreichend Aufgaben zu geben, so dass sie wissen, was von ihnen erwartet wird, während sie zuhören.
3. Sowohl das Reden in Anwesenheit der anderen wie das Zuhören ist »harte Arbeit« und deshalb immer wieder wertzuschätzen. Anders gesagt: In diesem Kontext ist meine Aufgabe, noch stärker wertzuschätzen, mögliche Störungen (von Kindern oder wenn Widerspruch erfolgt) abzumildern und wertzuschätzen – alles eingedenk meiner Grundüberzeugung: keine Tricks! (s. S. 109).

Wenn Kinder im Spiel sind, dann sollte der Berater gerade zu Beginn besonders darauf achten, sie in den Arbeitsprozess einzubeziehen. Die Literatur bietet hierzu zahlreiche Anregungen (z. B. S. 75f. und Freeman et al. 2000; Vogt-Hillmann u. Burr 2001, 2002).

Berater (schaut jeden nacheinander an): *Ich finde es toll, dass Sie alle gekommen sind! Vielen Dank! Was mich zunächst einmal sehr interessiert: Sie sind mit einem Anliegen gekommen, möchten etwas erreichen ... und das kann für jede und jeden von Ihnen etwas anderes sein. Deshalb möchte ich zunächst einmal jeden von Ihnen nach seinem oder ihrem Ziel befragen. Ist das in Ordnung? ... Danke! ... Ich weiß, dass es durchaus nicht leicht ist zuzuhören, wenn andere reden. Ich traue Ihnen allen das zu. Wenn Sie etwas sagen möchten, dann behalten Sie es bitte eine Weile für sich. Sie bekommen Gelegenheit, das zu sagen. Ich würde mich freuen, wenn der- oder diejenige, die gerade Ihre Ziele beschreibt, dies in Ruhe und ungestört tun kann. Das ist nicht immer einfach, aber das schaffen Sie bestimmt, da bin ich sicher ... Gut, dann fangen wir an, okay? Ja, ich weiß, dass es irgendwie um Sie ging, Fredi [Sohn]. Möchten Sie anfangen oder lieber nicht?*

Berater spricht ein ausdrückliches Kompliment an alle aus, ehe er die einzelnen Personen in ihrer Verschiedenartigkeit ausdrücklich wertschätzt (jede und jeder kann ein unterschiedliches Anliegen haben). Der Berater stellt sein Vorgehen vor, das auf der Verschiedenartigkeit aufbaut (»zunächst einmal jeden von Ihnen nach seinem oder ihrem Ziel befragen«) und sie anerkennt, ehe er um ausdrückliche Zustimmung bittet (»in Ordnung?«) und sich dafür explizit bedankt!

Nach dieser allseitigen Würdigung verweist er auf mögliche Schwierigkeiten, den anderen einfach zuzuhören, äußert sein Zutrauen – seine Wertschätzung –, dass alle dem nachkommen können, ehe er um Zustimmung zum Anfangen bittet.

Der Berater bittet Fredi – den Sohn, der Anlass der Terminvereinbarung war – um seine Entscheidung, wer beginnen soll. Damit macht er deutlich, dass er dem Sohn Entscheidungskompetenz zutraut und zubilligt – ein Zeichen von Kompetenz und Wertschätzung.

Fredi (schaut seinen Vater an, zuckt mit den Schultern): *Ist mir egal ...*
Diesen interaktive Zug – Blick zum Vater, Schultzerzucken, »ist egal« – interpretiert der Berater nicht, sondern nutzt ihn, um deutlich zu machen, wie ernst er Fredi in dem, was er sagt, nimmt.
Berater: Egal, gut, das heißt, wer soll anfangen? Sie oder jemand anders?

Die Frage ist nicht beantwortet und so greift der Berater die Antwort auf und fragt, was genau sie bedeutet, indem er die Frage – leicht abgewandelt – wiederholt.

Vater: *Sehen Sie, so ist er immer, auch zu Hause. Ihm ist alles egal ...*
Der Vater greift die Einladung des Sohnes auf.

Berater (unterbricht): *Herr Hansen, einen kleinen Moment. Ich weiß, wie schwer das ist, ruhig zu bleiben, wenn es einem unter den Nägeln brennt. Das zeigt mir nur, wie besorgt und engagiert Sie sind. Jetzt ist, das gehört zu den Regeln, Ihr Sohn dran. Auch wenn das nicht leicht ist, auszuhalten. Da ist Geduld gefordert. Nicht nur da, die brauchen Eltern und die haben Sie auch, da bin ich sicher. Und Sie haben ja auch noch ausreichend Gelegenheit ... Geht's?*
Der Berater unterbricht das interaktive Spiel, da er hier ein Muster vermutet, das sich zu Hause eingespielt hat – eben weil es hier so leicht und reibungslos funktioniert. Das Zulassen und Ausagieren eher negativer Muster betont die Problemmuster zu sehr, so dass der Berater *sofort* interveniert und den Vater unterbricht. Dies erfolgt mit Respekt und Wertschätzung, indem der Berater dem Vater gute Absichten/Motive unterstellt (Sorge, Engagement). Zugleich macht er deutlich, dass hier die Regeln gelten, die vorher einvernehmlich festgelegt worden sind – der Berater hat anfangs die Zustimmung aller zum Vorgehen eingeholt!
Die Unterbrechung schließt der Berater mit einem weiteren Kompliment an den Vater ab, indem er ihm die von Eltern üblicherweise geforderte »Geduld« zuerkennt.
Auf diese Weise hat der Berater ein eher negatives Interaktionsspiel unterbrochen, ohne – so die Hoffnung – einen der Beteiligten kritisiert oder entwertet zu haben.

Vater (nickt): *Na, ja, gut.*
Vater akzeptiert diese Klarstellung. Das Nicken kann als freundlich-wertschätzende Handlung gesehen werden.

Berater: *Danke! ... Fredi – wollen Sie anfangen? Oder wollen Sie, dass jemand anderes anfängt.*

Berater unterstreicht seinen Respekt, indem er sich ausdrücklich bedankt. Dann setzt er dort fort, wo die Unterbrechung begonnen hat – bei der Frage an Fredi, wer anfangen soll oder möchte.

Fredi (lehnt sich zurück, verschränkt die Arme vor der Brust, nickt zum Vater): *So ist er immer … Lassen Sie ihn man anfangen, sonst regt er sich nur auf …*
Das nonverbale Verhalten von Fredi könnte als erneute Einladung aufgefasst werden. Andererseits könnte es auch dazu dienen zu überprüfen, inwieweit der Berater tatsächlich die aufgestellten Regeln einhalten kann oder wird. Drittens könnte es ein Versuch sein, einer Entscheidung auszuweichen und sich auf eher bekannte alltägliche Muster einzulassen. Oder? – Es gäbe viele Hypothesen.

Berater (zu Fredi): *Gut, okay, das finde ich gekonnt von Ihnen, das so zu erkennen und einige mögliche Schwierigkeiten von vornherein auszuräumen.* (Zum Vater) *Das macht Ihr Sohn ja toll, Situationen schnell einzuschätzen und zu entspannen. Das heißt bei Psychologen soziale Kompetenz. Haben Sie ihm das alles beigebracht? Kompliment.*
Berater entscheidet sich, Fredis Verhalten positiv umzudeuten, indem er ihm gute Absichten und Kompetenz unterstellt. Zugleich bezieht er den Vater mit ein, so dass beide gleichermaßen gewürdigt werden.
Hier ist es wichtig, noch einmal darauf hinzuweisen, dass solche Umdeutungen und Würdigungen nur zulässig sind, wenn sie für den Berater glaubwürdig sind (Keine Tricks!, s. S. 109).

Vater (blickt vom Berater zu Fredi): *Na ja …*
Diese Aussage ist unterschiedlich zu verstehen. Sie verweist möglicherweise auf eine gewisse Skepsis des Vaters (das erleichtert die Arbeit, da der Vater gut für sich sorgt und nicht alles gleich glaubt) oder darauf, dass die Ideen dem Vater ein bisschen zu ungewöhnlich sein könnten.
Der Berater ist gut beraten, beides im Kopf zu behalten, um gegebenenfalls später darauf reagieren zu können.

Berater: *Gut, Sie sind alle gekommen und mir hilft es, von Anfang an etwas mehr – nicht gleich alles – darüber zu wissen und zu erfahren, wobei ich Ihnen hilfreich sein kann, was Sie erreichen möchten: jeder und jede Einzelne von Ihnen. Natürlich hängt das alles wieder irgendwo zusammen – schließlich leben Sie als Familie zusammen ... Also, der Vater fängt an. Meine Frage, die klingt ganz einfach, ist aber nicht immer leicht zu beantworten: Was möchten Sie erreichen? Was ist Ihr Ziel?*

Berater wertschätzt erneut – wie am Anfang – alle für ihr Kommen und macht deutlich, was ihm für seine professionelle Arbeit wichtig ist (etwas über den Auftrag – »wobei ich Ihnen hilfreich sein kann« – zu erfahren). Dabei betont er einerseits die individuelle Unterschiedlichkeit wie die wechselseitige Beeinflussung, da alle als Familie zusammenleben – eine Weisheit, der jeder nur zustimmen kann, da sie er- und gelebter Erfahrung entspricht. Dann greift der Berater Fredis Entscheidung (»Lassen Sie ihn ruhig anfangen«) auf und geht ihr nach.

Vater: *Also, es geht, wie gesagt, um Fredi. Er ist jetzt sechzehn, kommt nächstes Jahr aus der Schule und interessiert sich für nichts. Ihm ist das alles egal. Bisher hat er sich in der Schule so durchgewurschtelt, aber jetzt reicht es wohl nicht mehr.*
Der Vater beantwortet nicht die Frage nach seinem Ziel, sondern beschreibt Fredis Verhalten, das offenbar für ihn ein Problem darstellt.

Fredi (halblaut): *Du spinnst doch. Klar läuft das, nur der blöde Heinemann, der rafft das doch nicht ...*
Vater (zu Fredi): *Immer sind's die anderen, nur du ...*
Fredi und Vater scheinen sich wieder wechselseitig zu ihrem Spiel einzuladen, so dass der Berater sich aufgefordert fühlt, sofort wertschätzend zu unterbrechen.

Berater (unterbricht, indem er beide Hände hebt und gleichsam abwinkt): *Stopp! Stopp! Stopp! Da geht's schon los. Ich kann's verstehen, wenn Sie beide, Vater und Sohn, so engagiert sind. Aber mir hilft das wenig zu wissen, wo Sie beide hinwollen. Fredi* (schaut ihn an),

meinen Sie, Sie schaffen das, einfach ruhig zuzuhören, wenn Ihr Vater spricht und dabei auch manches sagt, was Sie vielleicht so ganz anders sehen? Das ist manchmal schwer auszuhalten, das kann ich gut verstehen. Was meinen Sie, schaffen Sie das? Ich traue Ihnen das zu ... (Fredi lehnt sich zurück, verschränkt die Arme und kneift die Lippen zusammen) *Danke! Das finde ich toll von Ihnen!*
Berater unterbricht – verbal wie nonverbal – so, dass die Unterbrechung klar, eindeutig und erfolgreich ist.
Sofort wechselt er die Ebene – und drückt Verständnis und Wertschätzung aus, indem er das Engagement *beider* hervorhebt. Damit eint er sie, die möglicherweise gerade wechselseitige Schuldvorwürfe loswerden wollten.
Dann wechselt er erneut – zu sich selber und den notwendigen Rahmenbedingungen, um dann Fredi wertschätzend an die Regeln zu erinnern, ihm Verständnis entgegenzubringen und explizit darum zu bitten, sich zu bemühen zuzuhören. Als Fredi darauf reagiert, indem er ruhig ist, bedankt sich der Berater und lobt ihn (statt sich von möglichen Interpretationen des nonverbalen Verhaltens einladen zu lassen).

Berater: *Noch eins, Fredi – und das gilt hier heute für alle* (schaut der Reihe nach Vater, Mutter und Fredi an). *Mir geht es darum herauszufinden und mitzuhelfen herauszufinden, was jeder und jede von Ihnen erreichen möchte. Es geht nicht darum, irgendjemanden anzuklagen oder gar herauszufinden, was wirklich stimmt. Jeder sieht die Dinge aus seiner Sicht – und die sind notwendigerweise unterschiedlich. Darum geht es mir zunächst einmal ... Ich weiß, wie schwer das ist, einfach zuzuhören, wenn der andere etwas über mich sagt, was aus meiner Sicht schief ist. Da gehört schon eine gehörige Portion Selbstvertrauen und Souveränität dazu, das zu machen. Frau Hansen, was meinen Sie, kriegen die beiden Männer das hin?*
Berater beschreibt noch einmal seine Idee der unterschiedlichen und gleich berechtigten Sichtweisen und verweist darauf, wie schwer es sein kann, sich darauf einzulassen. Damit stellt er allen eine Herausforderung: Die Aufgabe, etwas Schweres zu schaffen. Und er definiert, welche Kompetenz (»schon eine gehörige Portion Selbstvertrauen und Souveränität«) das möglich macht. Wenn

die Familie diese Aufgabe gemeistert hat – und daran hat der Berater keinen Zweifel –, kann er später auf diese Erfahrung zurückgreifen und der Familie erläutern, dass und wie sie hier Selbstvertrauen und Souveränität gezeigt haben.

Da bisher der Fokus bei den beiden männlichen Familienmitgliedern lag, bezieht der Berater an dieser Stelle die Mutter ein, indem er die Frau nach ihrer Einschätzung der Kompetenz der Männer befragt.

Mutter: *Ich glaub' schon ... wenn sich beide Mühe geben ...*
Frau Hansen bestätigt und bekräftigt das Zutrauen in die Kompetenz der anderen Familienmitglieder und verweist zugleich auf individuelle Ansatzpunkte (»wenn sich beide Mühe geben«) – auch etwas, was der Berater möglicherweise später aufgreifen kann.

Berater: *Wunderbar!* (schaut Fredi an) *Ihre Mutter traut Ihnen das zu, Fredi, und die kennt Sie ja ganz gut. Und Ihnen* (schaut Vater an) *traut Ihre Frau das auch zu. Toll! ... Also, Herr Hansen, was möchten Sie hier erreichen, was ist Ihr Ziel?*
Berater komplimentiert die Mutter und gibt deren positive Wertschätzung an die beiden Männern weiter – zuerst an Fredi, dann an den Vater, um bei diesem dann die Frage nach dem Ziel anzuschließen (zu wiederholen).

In diesem Stil läuft das Gespräch mit der Familie weiter – der Unterschied besteht aus meiner Sicht darin, dass der Berater alle Personen im Blick behalten sollte, und dass er anfangs häufiger und expliziter jedes einzelne Familienmitglied wertschätzt, versucht, jeden und jede bei der Stange zu halten.

Alle drei Beispiele sind »*Anfänge eines Anfangs*« – die Fortsetzung bleibt sehr ähnlich: wertschätzen, joining, respektieren, Ziele herausarbeiten und operationalisieren. Je mehr Personen anwesend sind, desto höher meine Aufmerksamkeit, denn ich muss neben dem direkten Gespräch mit einer der Personen dafür sorgen, dass es auch für die anderen Sinn macht zuzuhören. Der Unterschied ist in meinen Augen eher graduell als grundsätzlich.

Bedeutsam ist mir die Einsicht, dass es wohl nur dann Sinn macht, Kraft, Energie und Anstrengung in (eigene) Veränderungen zu stecken, wenn das Ziel lohneswert ist, wenn das, was ich damit und dadurch erreichen kann, zumindest *ein wenig erfreulicher als die Gegenwart sein könnte.* Deshalb sind Ziele so bedeutsam und erfordern Geduld, Aufmerksamkeit und ausreichend Zeit.

Zum Abschluss

Nun haben Sie einen Blick in meine (virtuelle) Praxis werfen können. Ich weiß nicht, was Sie gesehen und wahrgenommen (gelesen) haben. Es gäbe sicher noch vieles zu berichten, so wie ich auch vieles weggelassen haben. Denn jede Entscheidung, *eine* Geschichte zu erzählen, bedeutet immer auch, diese Geschichte auf diese Art zu erzählen und eine *andere* Geschichte *nicht* zu erzählen. Deshalb vermute ich, dass Ihnen einiges fehlen könnte, was Sie erwartet oder erhofft hatten. Das, denke ich, wäre eine gute Fortsetzung, denn nun können Sie über Ihre Selbstverständlichkeiten, Ihre Erwartungen, Ihre Ziele reflektieren. So setzt sich der Reflexionsprozess immer fort ...

Ich möchte meine Erzählung mit zwei Anekdoten und Bemerkungen beenden, die ich sehr hilfreich finde, eine *andere* Perspektive zuzulassen.

Eine Kollegin schickte mir eine Postkarte – Hintergrund in Rot, darauf vier große schwarze Kreise (Punkte), die allerdings nicht alle vollständig waren, sondern sich außerhalb der Postkarte abrundeten (die Postkarte war einfach zu klein). Ich fand dieses Bild etwas merkwürdig und zunächst sinn-los. Dann las ich den kleingedruckten Text: »Viele Probleme erscheinen uns nur deshalb so groß, weil wir sie mit zu wenig Abstand betrachten. Manche sind im Grunde so harmlos wie dieser Marienkäfer hier.«

In einem kleinen Büchlein von Sven Nordquist und Erik Arpi fand ich das Bild eines kleinen, aufrechtstehenden Schweins mit hinter dem Rücken verschränkten Armen, mit geschlossenen Augen nach hinten – also von mir als Betrachter abgewandt – gezeichnet. Darüber stand »*Du bist Luft für mich.*« Das Schwein sah auch genau so aus. Unter dem Bild war die Zeile hinzugefügt: »*Können wir uns treffen, bevor ich ersticke?*«

Sie merken schon, ich bin schon wieder dabei, Geschichten zu erzählen. Und so schließe ich mit einer Geschichte über Geschichten, die Jay Efran (1992, S. 115) erzählt und die ich Ihnen auch schon erzählt habe (s. S. 28).

»Menschen sind unverbesserliche und geschickte GeschichtenerzählerInnen – und sie haben die Angewohnheit, zu den Geschichten zu werden, die sie erzählen. Durch Wiederholung verfestigen sich Geschichten zu Wirklichkeiten, und manchmal halten sie die GeschichtenerzählerInnen innerhalb der Grenzen gefangen, die sie selbst erzeugen halfen …«

Anhang

Kundin, Kundige, Kundschafter/in[1, 2]

Gedanken zur Grundlegung eines »helfenden« Zugangs

Zusammenfassung

Ich beschreibe einen Ansatz, der die unterschiedlichen Kompetenzbereiche der am sozialen Unternehmen »Therapie/Beratung« beteiligten Personen gleichberechtigt ins Zentrum stellt. Dieser Ansatz wird sowohl in Hinblick auf den radikalen Konstruktivismus wie die kybernetische Metapher erläutert.

Die »beraterische« Begegnung wird dementsprechend unter kompetenz- und ressourcen-orientierten Aspekten organisiert, bei der es darum geht, »Andersartigkeit« zu reflektieren und zugänglich zu machen.

Meine Praxis systemisch-konstruktivistischen Arbeitens zeigt sich mir im Rückblick als kontinuierliche Ausarbeitung meines persönlichen Stils, meiner individuellen Aneignung dieses Ansatzes. Im Rahmen der Zusammenarbeit mit Uwe Grau haben wir unser Vorgehen reflektiert und als *Kiel-Meyner-Konsultations-Modell* beschrieben. Für uns hat sich dabei das Konzept der *Kundigkeit,* der

---

1 Ich danke Uwe Grau, mit dem ich die Grundlagen der hier vorgestellten Gedanken gemeinsam entwickelte, wobei wir in unserer praktischen Arbeit wie in unseren Diskussionen auf seinen Vorarbeiten und Konzeptualisierungen aufbauen konnten. Marianne Krüll danke ich für ihre immer wieder anregenden, konstuktiv(istisch)en und selbstreflexiven Kommentare und Anmerkungen.
2 Der Beitrag ist zuerst erschienen in *Zeitschrift für systemische Therapie* 11(1): 14-20, 1993, und wurde für die Aufnahme in dieses Buch durch den Verlag orthographisch überarbeitet. Der Abdruck erfolgt mit freundlicher Genehmigung.

Abgrenzung unterschiedlicher Kompetenzbereiche von Berater/in/ Konsultant/in und ihrer Gegenüber sowie daraus ableitbarer Haltungen und Interaktionsoptionen in verschiedenen Praxisfeldern als fruchtbar, nützlich, sinnvoll, passend etc. erwiesen (Grau u. Hargens 1992, Hargens u. Grau 1990). Ich möchte hier den Versuch unternehmen, unsere Ideen und unser Verständnis unter Berücksichtigung theoretischer Perspektiven – Radikaler Konstruktivismus und kybernetische Metapher – zu betrachten, zu beschreiben und zu begründen.

Kundigkeit und Radikaler Konstruktivismus

In den vergangenen Jahren wurden systemische Therapieansätze zunehmend unter der Perspektive des Radikalen Konstruktivismus beschrieben. Dabei gehen die Theoretiker/innen dieses Ansatzes davon aus, daß es Menschen prinzipiell nicht möglich ist, eine »Wirklichkeit da draußen« direkt und unmittelbar zu erkennen. Wirklichkeit wird – so eine zentrale Annahme des Radikalen Konstruktivismus – über Kognitionen lebender Wesen hervorgebracht (Maturana u. Varela 1987, von Foerster 1985, von Glasersfeld 1985, Watzlawick 1981).

Dabei bleibt offen, ob es eine »Wirklichkeit da draußen« tatsächlich gibt oder nicht: Radikale Konstruktivist(inn)en behaupten nicht mehr und nicht weniger, als daß es Menschen prinzipiell nicht möglich ist, eine solche zu erkennen.

Aus meiner Sicht ist es mir wichtig, auf diesen Aspekt besonders hinzuweisen: ich halte es für bedeutsam, die unterschiedlichen Aussage- und Geltungsbereiche dieses Modells zu benennen – gerade wenn es um die Frage der Erkenntnis *der* Wirklichkeit, *der* Welt und *der* Wahrheit geht. Ich verstehe Radikalen Konstruktivismus so, daß ich innerhalb dieses Konzepts ausschließlich angeben kann, daß ich nicht imstande bin, die »Wahrheit«, die »Welt als solche« zu erkennen – ich kann aber keine »wahre« oder »objektive« Aussage darüber machen, ob dieses Modell, in dem ich mich bewege, selbst »wahr« ist (Hargens 1991b).

Aus dieser Unterscheidung ergeben sich für mich einige interessante Überlegungen für den Bereich der »helfenden Berufe« – insbesondere da diese sich ausdrücklich mit der Frage der Wirklichkeit, der Normalität befassen und entsprechende (Vor-)Annahmen das helferische Tun beeinflussen und bestimmen.

Für mich stehen im Zentrum jedes helferischen Tuns Ideen von Menschen darüber, was ein »helfendes Tun« begründet und wo und wieso ein »professionelles helfendes Tun« angemessen scheint. Die Problematik eines solchen Vorgehens sehe ich darin, daß hier unter der Hand Wirklichkeitsbeschreibungen einfließen können, die festlegen, fixieren, Optionen einschränken und somit ein Schema des Zweiteilens begünstigen: *entweder – oder*.

Wenn ich als Radikaler Konstruktivist davon ausgehe, daß niemand (auch ich nicht!) einen privilegierten Zugang zu einer »Wirklichkeit da draußen« besitzt, dann bleiben alle Aussagen darüber, wie »Wirklichkeit« ist oder sein soll, persönliche und subjektive Festlegungen – die in einem sozialen Kontext kollektiv und konsensuell abgestimmt werden und wurden (Efran, Lukens u. Lukens 1992). Sobald derartige »Normvorschriften« verbindlich für viele oder alle Menschen eines Sozialwesens festgelegt werden, ergeben sich interessante Phänomene:

Einerseits scheint es für ein funktionsfähiges Sozialgebilde unerläßlich, für alle verbindliche Verhaltensvorschriften aufzustellen – sozialen Konsens herzustellen. Wird andererseits die Relativität eines sozialen Konsens ausgeblendet und verabsolutiert, entsteht die »soziale Notwendigkeit«, derartige »Verabsolutierungen« als verbindlich durchzusetzen. Auf diese Weise wird »soziale Macht« kreiert, die dem (sozial konstruierten) »Zweck« dient, den sozialen Konsens als absolut und als wahr durchzusetzen. Auf diese Weise bestätigen sich soziale Macht und verabsolutierter sozialer Konsens wechselseitig. Verstöße werden dann in der Regel mit einem mehr oder weniger ausgearbeiteten Repertoire sozialer Sanktionen geahndet.

In meinen Augen spiegeln Theorieentwürfe helfenden Tuns eine solche Auffassung mehr oder weniger deutlich wider. Annahmen über Ursachen des abweichenden Verhaltens werden formuliert, in Individuen, Gruppen oder soziale Verhältnisse »hineingelegt« – m. a. W. es wird ein Beschreibungssystem entwickelt, das Vertreter/innen des helfenden Tuns einen privilegierten Zugang zu den Wirklichkeitskonstruktionen ihrer Gegenüber verschafft (Hoffman 1987, Wiesner u. Willutzki 1992). Das mag im einzelnen Fall durchaus zu positiven Folgen führen, impliziert aber immer auch, daß das System der Wirklichkeitskonstruktion der Vertreter/innen des helfenden Tuns als »besser, passender, richtiger, wahrer« aufgefaßt wird als das ihrer Gegenüber.

Damit begeben wir uns leicht in einen Zirkel der sich *selbst erfüllenden Prophezeiung* (Ludwig 1991, Watzlawick 1974[4]). Da wir als Vertreter/innen des helfenden Tuns einen privilegierten Zugang zur Wirklichkeit haben, liegt es auch in unserer (Definitions-) Macht, die Wirklichkeit unserer Gegenüber einzuordnen: angepaßt – gestört – abweichend oder: gesund – krank – unheilbar.

Stelle ich mich in meiner Arbeit auf das Modell des Radikalen Konstruktivismus, dann verstoße ich mit diesen Folgerungen gegen Grundannahmen meines Modells, daß nämlich niemand über einen privilegierten Zugang zu einer »Wirklichkeit da draußen« verfügt. Solche Überlegungen haben immer wieder Diskussionen in der Zusammenarbeit mit Teamkolleg(inn)en[3] ausgelöst, uns dazu angeregt, unser helfendes Tun von immer wieder anderen Perspektiven aus zu betrachten und uns zur Annahme geführt, daß ein Vorgehen auf der Grundlage des Radikalen Konstruktivismus genau diesen Aspekt in das Zentrum stellen könnte: die *Gleichberechtigung aller am Interaktionsprozeß Beteiligten in Hinblick auf Konstruktion(en) von Wirklichkeiten*. Dies hat uns dazu veranlaßt, das *Konzept der Kundigkeit* als ein zentrales und fundamentales Element unseres Vorgehens zu betrachten (Möller, Grau u. Rohweder 1988, Hargens u. Grau 1990).

Dabei bin ich mir durchaus im klaren, daß auch ich über keinen privilegierten Zugang zu einer »Wirklichkeit da draußen« verfüge, mein oder besser: unser Modell also auch nur einen – unseren – Ansatz beschreibt, der nicht wahrer oder richtiger als jeder

---

3 Ich danke meinen Kolleg(inn)en Stefanie Dieckmann, Angelika Gall, Ingrid Johannsen, Meike Peters, Thomas Beyer, Uwe Grau und Gerd Schmidtmann, die bereit waren und bereit sind, mit mir in unterschiedlichen Feldern und verschiedenerer Teamzusammensetzung zusammenzuarbeiten und zu diskutieren.

andere Ansatz ist, sondern »*anders*«. Diese Unterschiede, die für uns Unterschiede machen, sind für uns fruchtbar, da sie uns dazu anregen, über unser Tun zu reflektieren, es in Frage zustellen, abzugrenzen, aufzulösen, zu spielen. Daher interessieren wir uns in unserer Arbeit auch weniger für »bessere« oder »schlechtere« Vorgehensweisen, sondern vielmehr für »andere« – das »andere« weckt unsere Neugier, unser Interesse, regt uns an, unsere Wirklichkeiten zu re-konstruieren, ohne deshalb gleich in einen (sozial oft üblichen) Wettstreit über das »bessere Modell« zu verfallen. Auf der Grundlage des Radikalen Konstruktivismus kann es in unseren Augen keinen »besseren« Ansatz geben, sondern eine Vielzahl verschiedener, »anderer« Ansätze, die alle gleich berechtigt und gleich gültig sind. Von daher ist es für uns gleich gültig, die Frage des »besser/schlechter« zu verfolgen – uns macht die Frage der anderen Wirklichkeitskonstruktion neugierig, hier stoßen wir auf Ressourcen und Kompetenzen unserer Gegenüber und diese Kundigkeit fasziniert uns.

Dies bedeutet für mich nicht, daß ich die (Re-)Konstruktionen meiner Gegenüber für gleich wünschenswert halte – im Gegenteil! Ich habe klare Bevorzugungen und klare Bewertungen, aus denen ich kein Hehl mache. Für mich bleibt es aber in der Arbeit wichtig, meine Bevorzugungen nicht zum »Maßstab aller Dinge« zu machen. So kann ich sehr klar und sehr deutlich bewerten und Stellung nehmen, z. B. wenn ich mit einem Sexualstraftäter arbeite – seine sexuelle Straftat lehne ich ab, bewerte ich negativ – aus meinem Rahmen heraus. Da ich seinen Rahmen als für ihn gültig verstehe, bleibe ich neugierig auf seine (Re-)Konstruktionen seines Rahmens. Was macht es für ihn notwendig, seine Welt gerade so zu (re-) konstruieren? Welche Kompetenzen und Ressourcen bleiben – neben der Sexualstraftat – (für ihn/für mich/für andere) erkennbar? Was macht der Sexualstraftäter, wenn er keine Sexualstraftaten begeht?

Im Modell des Radikalen Konstruktivismus bleiben für mich alle Menschen verantwortliche Konstrukteure und Konstrukteurinnen ihrer jeweiligen Wirklichkeiten. Und ich möchte etwas über deren Kompetenzen, sich ihre Welt zu erfinden, erfahren – diese Kundigkeit vergrößert meine eigenen Optionen, denn ich lerne immer wieder andere Konstruktionen kennen. Und um nicht das »Gefühl« zu haben, in der Vielfalt dieser Konstruktionen »zu ertrinken«, arbeite ich mit KollegInnen zusammen. Dabei bin ich mir durchaus bewußt, daß auch diese Form der Arbeit (m)eine Erfindung ist, also eine von vielen Möglichkeiten, die sich für mich als passend zeigt – ich »lerne« jedes Mal viel von den Kund(inn)en und so ist es für mich selbstverständlich geworden, ihnen am Ende jedes Treffens zu danken.

Kundigkeit und kybernetische Metapher

Regelkreis-Modelle sind von vielen Theoretiker(inn)en ebenfalls zur Beschreibung psychotherapeutischer Prozesse herangezogen worden (Ashby 1974, Bateson 1982, Dell 1990[2]). Dabei wurde schon bald deutlich, daß sich ein Regelkreis aus unterschiedlichen Perspektiven beschreiben läßt: zum einen als Verhältnis zwischen einem »soll«- und einem »ist«-Wert, zum anderen als Ausarbeitung der Regelung bzw. Einstellung des »soll«-Wertes.

Ich möchte die kybernetische Metapher unter dem mich interessierenden Aspekt der Kundigkeit betrachten:

Im ersten Fall – Verhältnis zwischen »ist«- und »soll«-Wert – geht es um die Frage der Diagnose: wer ist imstande und berechtigt, diese Werte in welchen Kategorien und mit welchen Folgen festzulegen?

Definiert ein/e Angehörig/e helfenden Tuns den »soll«-Wert ihrer Gegenüber, dann impliziert dies, daß die Vertreter/in helfenden Tuns festlegen kann, was für ihre Gegenüber »gesund«, »nützlich«, »richtig« u. ä. ist. Dabei schwingt die Idee mit, eine Seite könne festlegen, was für die andere Seite »passe« bzw. »zu passen habe«. Eine Begründung für die offenkundige Ungleichheit wird nicht gegeben.

Mir erscheint ein oft unerwähnter Aspekt interessant – ein solcher Regler orientiert sich meist ausschließlich am Defizit: an einem »zuviel« oder »zuwenig« von »etwas«. Der Regelungsmechanismus reagiert immer dann, wenn vorgegebene Werte über- oder unterschritten werden, wenn also eine Abweichung konstatiert wird – ein Mangel oder ein Überschuß, eben ein Defizit. Dabei kommt es nicht darauf an, derartige Abweichungen zu nutzen, um veränderte »Werte« bzw. »Stellgrößen« zu erhalten, sondern es geht ausschließlich darum, Abweichungen zu minimalisieren und – im besten Falle – zum Verschwinden zu bringen. In diesem Sinne ließe sich ein so verstandenes Regelsystem als *antagonistisches* System beschreiben, das sich durch die Zweiteilung »*entweder-oder*« definiert: entweder ist der »soll«-Wert erreicht oder er muß erreicht werden. Darin schwingt die Idee des Kampfes, des Gewinnens bzw. Verlierens, des Durchsetzens gegen Widerstand etc. mit.

Betrachte ich kybernetische Modelle unter dieser Perspektive, so kann ich viele Überlegungen anstellen, in welchem Maße sich eine solche theoretische Konzeption, die Stärke, Durchsetzung, Regelung, Normendefinition etc. in ihren Mittelpunkt rückt, für eine bestimmte (patriarchalische) Weltsicht als »passend« erweist (vgl. Krüll 1987, 1990, 1991). Und es verwundert auch nicht, daß »kybernetische Steuerungsmechanismen« eine große Rolle im militärischen Bereich spielen, wenn es darum geht, daß Vernichtungswaffen einen Weg ins Ziel finden.

Dieses Verständnis der kybernetischen Metapher führt in meinen Augen zu einer Überbetonung der Stärke – die »richtige Regelung« wird unhinterfragt vorgegeben und soll – eben mit Hilfe kybernetischer Steuerungsmechanismen – durchgesetzt werden. Die Faszination, die dieses Modell auf mich ausübt, liegt in der »Verlockung«, als »Steuermann« das Ziel zu erreichen. Nun zeigt sich sehr rasch, daß dies eine Verständigung über Ziele voraussetzt – und genau diese Diskussion liegt außerhalb des kybernetischen Regelungsmodells.

Die Frage nach der Zielfindung – kybernetisch: »Regelung des Reglers« – ist gestellt: wer nimmt die Festlegung des »soll«-Wertes vor?

Mit dieser Frage war der Kontext angesprochen: was ist ein Regler und wie regelt ein Regler? Unter systemischen Gesichtspunkten stellten verschiedene TheoretikerInnen dar, daß ein Regler nur im Kontext des gesamten Regelungsmechanismus gesehen werden kann (denn nur da ist er ein Regler). Wenn der Regler also als Teil des gesamten kybernetischen Regelungssystems zu sehen war, dann konnte die Frage nicht beantwortet werden, wie ein Einzelteil ein System als Ganzes bestimmen sollte (Bateson 1982, Dell 1990², Keeney 1987a, b). Anders formuliert: es läßt sich kein Regler ausmachen, der allein verantwortlich sichert, daß die Regelung erfolgt. »Regler« wurde somit zu einer Beschreibung eines kontinuierlichen Prozesses, bei dem sich verschiedene Teile wechselseitig beeinflussen, um so als »ganze Einheit« das hervorzubringen, was als »Regelungsmechanismus« beschreibbar wird.

Anders gesagt: Wenn kein Teil eines Ganzen dieses Ganze einseitig regeln kann, sondern Regelung als Prozeß wechselseitiger Einflussnahme beschreibbar ist, dann läßt sich auch nicht eindeutig festlegen, welche Aspekte für die Festlegung bestimmter Werte herausragende Bedeutung haben. Regelung wird somit zu einem gemeinsamen Unternehmen.

Bezogen auf das Thema der Kundigkeit formuliere ich diese Aussage so:

Wenn nicht klar bestimmbar ist, wer darüber entscheidet, was gut, richtig, gesund, krank etc. ist und wenn die Klärung dieser Frage ein *gemeinsamer, wechselseitiger Prozeß* ist, dann bringen alle Beteiligten ihre spezifischen Möglichkeiten in diesen Prozeß ein. Was also liegt näher, als die Kundigkeit aller Beteiligten anzuerkennen?

Ressourcen und Kundigkeit

Für die eigene Arbeit haben diese Überlegungen zu einer für mich grundlegenden Einsicht geführt, die im Mittelpunkt meiner Arbeit steht und mein Vorgehen in-formiert: welche Fragen, Probleme, Störungen, Dysfunktionen etc. eine »helfende« Begegnung auch immer konstituieren, es kann von meiner (und, da ich mit Kolleginnen und Kollegen zusammenarbeite, sollte ich zutreffender sagen: unserer) Seite aus nicht übersehen werden, *welche Kompetenzen und Ressourcen – welche Kundigkeit – unsere Gegenüber* mit einbringen, selbst wenn diese Kundigkeit nicht auf den ersten Blick erkennbar scheint.

Der Fokus unserer Arbeit hat sich seitdem für uns immer klarer verlagert: uns interessiert stärker, wie unsere Gegenüber ihre Ressourcen sehen, wie sie diese definieren, beschreiben und welche Ideen sie für ihre eigene Zukunft konstruieren. Wir bemühen uns, kompetenz- und ressourcen-orientierte Formen der Konversation zu (er-)finden und einen solchen Rahmen im Gespräch aufrechtzuerhalten (Grau u. Hargens 1992, Hargens u. Grau 1992). Dabei lässt sich die Ausrichtung allgemein so beschreiben, daß wir uns bemühen, die Kompetenz und Kundigkeit unserer Gegenüber zu respektieren, zu akzeptieren und zu unterstützen. Ich habe einmal versucht, diese Unterschiede tabellarisch zusammenzufassen:

Symptom	
Leiden	Anzeichen für Änderung/Entwicklung
verursacht von »Etwas«	bedeutsamer/bedeutungsvoller Teil eines Kontextes
wird diagnostiziert *(vor* der Behandlung)	umdeuten/alternative Geschichte(n)
führt zu negativen Konsequenzen	öffnet neue Möglichkeiten/ Alternativen
dysfunktional	bedeutsam/funktional
Diagnose eines Mangels/Defizits	erforschen/erkundet Ressourcen

Defizit/Einschränkungen	Kompetenz/Ressourcen
Symptome	Ausnahmen
Etiketten/etikettieren	keine vorgefaßten/vorschnellen Meinungen
Klient/in / Patient/in	Kunde/Kundin / Kundig/e / Kundschafter/in
Behandlung	Konversation
Ursache – Wirkung	Wechselseitigkeit

Ich möchte an dieser Stelle betonen, daß es sich bei der hier vorgeschlagenen Änderung der Perspektiven um keine ausschließlich technische Veränderung handelt, die sich in spezifischen Handlungsanweisungen niederschlägt. Wie die theoretischen Ausführungen zeigen, bin ich immer als ganze Person mit meiner je spezifischen Weise, meine jeweilige »Wirklichkeit« hervorzubringen, einbezogen. Das bedeutet nichts anderes, als daß ich immer meine spezifischen Konstruktionen und die damit verbundenen Werte und Bewertungen mit in die Begegnung einbringe und daß sie Teil des »helfenden« Gesprächs sind (Andersen 1990).

Anders gesagt: auch in der Begegnung zwischen »professioneller Helferin« und ihrer Gegenüber treffen spezifische Bewertungen aufeinander, die konstitutiv für die Definition der »Probleme, Schwierigkeiten, Dysfunktionen« etc. sind. Es geht nun nicht darum, diese »Probleme, Schwierigkeiten, Dysfunktionen« gewissermaßen »wegzudefinieren«, sondern darum, nachzuspüren, in welcher Art und Weise sich auch hier Kompetenz und Kundigkeit zeigen. Und in diesem Zusammenhang haben sich für uns die von uns entworfenen konstruktivistischen Richtlinien »*kooperieren, reflektieren, öffentlich machen*« sowie der »*Meta-Dialog*« (Hargens u. Grau 1990, 1992b) als hilfreich und nützlich erwiesen.

Abschließende Bemerkungen

Wenn, wie ich in meiner Darstellung vorschlage, der Prozeß, wie die jeweilige Wirklichkeit konstituiert/konstruiert wurde, den Fokus der Konversation bildet, dann läßt sich dies auch so formulieren: »professionell helfende Konversation« dreht sich um Wirklichkeits-Konstruktionen und den ihr zugeschriebenen (gleich gültigen) Bedeutungen. Damit können allerdings durchaus unterschiedliche Perspektiven angelegt werden, um eine solche »*epistemologische Debatte*« (Hargens 1991a) zu führen und es liegt m. E. in der sozialen Verantwortung der Helferinnen, solche Perspektiven (Linsen) ausdrücklich einzubeziehen.

Für mich bedeutet dies z. B., daß ich *gesellschaftliche Rahmen* wie Macht, Gender, Abhängigkeit etc. *als konstituierende Rahmen* einbringe und die Themen unter diesen Rahmen beleuchten kann (Mirkin 1990). Was ich mich zu vermeiden bemühe, ist allerdings, den jeweiligen Rahmen »Wahrheit« zuzugestehen – mein bzw. unser Interesse richtet sich darauf, solche Rahmen zu konstituieren, daran Geschichten zu (re-) konstruieren und unseren Gegenübern damit einen Meta-Rahmen anzubieten und vorzuschlagen, der – so unser Ziel – ihre Optionen vielleicht erweitern hilft.

Insofern »lerne« auch ich ständig von meinen Gegenübern, u. a. auch was die theoretische Fortschreibung wie die praktische Umsetzung des hier skizzierten Modells angeht, z. B. aufgrund der oft unterschiedlichen Team-Zusammensetzung der Berater/innen/Konsultant(inn)en sowie aufgrund der Erprobung und Anwendung in/auf verschiedene Bereiche. So stellen wir derzeit im Rahmen des *Kiel-Meyner-Konsultationsmodells* die *gemeinsame, öffentliche Reflexion* ins Zentrum und verzichten auf »Abschluß-Interventionen«. Bei Präsentationen dieses Modells löste oft genau dieser Aspekt bei den Zuhörerinnen Reflexionen und die Suche nach weiteren Definitionen aus. Eine Gruppe ungarischer Familientherapeut(inn)en kam auf den Begriff der »*Kundschafter/in*«, der einen weiteren, interessanten Aspekt veranschaulicht – unsere Gegenüber sind kompetent, unbekanntes Gelände zu erforschen (»Kundinnen sind kundig, (aus) zu kundschaften«) und – vielleicht – einen neuen Platz für sich zu finden.

Literatur

Andersen, Tom (Hg.) »Das Reflektierende Team«, Dortmund: modernes lernen, 1990

Ashby, W. Ross »Einführung in die Kybernetik, Frankfurt/M.: Suhrkamp, 1974

Bateson, Gregory »Geist und Natur«. Frankfurt/M.: Suhrkamp, 1982

Dell, Paul F. »Klinische Erkenntnis. Zu den Grundlagen systemischer Therapie«, Dortmund: modernes lernen, 1990^2

Efran, Jay, S., Michael D. Lukens u. Robert J. Lukens »Sprache, Struktur und Wandel«, Dortmund: modernes lernen, 1992

Grau, Uwe u. Jürgen Hargens »Metapher-Fragen. Ein Beispiel konstruktivistischer Praxis«, Z. system. Ther. 10 (2): 101-110, 1992

Hargens, Jürgen. »Einige Anmerkungen zum systemischen Paradigma«. Positionspapier zur Tagung »Das Reflektierende Team«. Varazdin. 1991a

Hargens, Jürgen »Der (unwiderstehliche) Charme der eigenen Geschichte(n)«. Ethik und Sozialwissenschaft 2 (3): 454-455, 1991b

Hargens, Jürgen, Uwe Grau »Kooperieren, reflektieren. öffentlich machen. Skizze eines systemischen Ansatzes auf konstruktivistischer Basis«, systeme 4 (2): 151-155, 161-163, 1990

Hargens, Jürgen, Uwe Grau »Konstruktivistisch orientierte Supervision. Nutzen und Nützlichkeit selbstrückbezüglicher Reflexionen«, in: Waldemar Pallasch, Wolfgang Mutzeck, Heino Remmers (Hg.) »Beratung – Training – Supervision«, Weinheim-München: Juventa, 1992a

Hargens, Jürgen, Uwe Grau »Cooperating, reflecting, making open, and metadialogue: Outline of a systemic approach on constructivistic grounds«, Manuskript 1992b

Hoffman, Lynn »Jenseits von Macht und Kontrolle. Auf dem Weg zu einer systemischen Familientherapie zweiter Ordnung«, Z. system. Ther. 5 (2): 76-93, 1987

Keeney, Bradford P. »Konstruieren therapeutischer Wirklichkeiten«, Dortmund: modernes lernen, 1987a

Keeney, Bradford P. »Ästhetik des Wandels«, Hamburg: ISKO, 1987b

Krüll, Marianne »Systemisches Denken und Ethik. Politische Implikationen der systemischen Perspektive«, Z. system. Ther. 5 (4): 250-255, 1987

Krüll, Marianne (ed) »Wege aus der männlichen Wissenschaft«, Pfaffenweiler: Centaurus, 1990

Krüll, Marianne »Psychotherapie und Ethik – in systemisch-konstruktivistischer Sichtweise«, Ethik und Sozialwissenschaften, 2 (3): 431-439, 1991

Ludwig, Peter H. »Sich selbst erfüllende Prophezeiungen im Alltagsleben«, Stuttgart: Verlag für Angewandte Psychologie, 1991

Mirkin, Marsha Pravder (Hg.) »The Social and Political Contexts of Family Therapy«, Boston-London-Sidney-Toronto: Allyn & Bacon, 1990

Möller, Jens, Uwe Grau, Norbert Rohweder »Beratung von Individuen in komplexen Systemen«, Z. system. Ther. 6 (4): 188-196, 1988

von Foerster, Heinz »Sicht und Einsicht«, Braunschweig-Wiesbaden: Vieweg, 1985

von Glasersfeld, Ernst »Wissen, Sprache und Wirklichkeit«, Braunschweig-Wiesbaden: Vieweg, 1985

Watzlawick, Paul, Janet H. Beavin, Don D. Jackson »Menschliche Kommunikation«, Bern-Stuttgart-Wien: Huber, 1974^4

Watzlawick, Paul (ed) »Die erfundene Wirklichkeit«, München-Zürich: Piper, 1981

Wiesner, Manfred, Ulrike Willutzki »Sozialkonstruktivistische Wege in der Psychotherapie«, in: Siegfried J. Schmidt (Hg.) »Kognition und Gesellschaft«, Frankfurt/M.: Suhrkamp, 1992

Literatur

Albers, A.; Hargens, J. (o. J.): Unveröffentlichtes Arbeitsmaterial zum Fortbildungskurs »Systemisches Arbeiten im JAW«.
Ambühl, H.; Strauß, B. (Hg.) (1999): Therapieziele. Göttingen.
Andersen, T. (1990): Das Reflektierende Team. Dialoge und Dialoge über die Dialoge. Dortmund.
Andersen, T. (1995): Reflecting Processes: In-Forming and Forming Aspects of Language. Workshop in Flensburg.
Anderson, H. (1997): Conversation, Language, and Possibilities: A Postmodern Approach to Therapy. New York: Basic; dt. Das therapeutische Gespräch. Der gleichberechtigte Dialog als Perspektive der Veränderung. Stuttgart, 1999.
Anderson, H.; Goolishian, H. S. (1990): Menschliche Systeme als sprachliche Systeme. Familiendynamik 15: 221-243.
Anderson, H.; Goolishian, H. S. (1992): Der Kunde ist Experte: Ein therapeutischer Ansatz des Nicht-Wissens. Z. system. Ther. 10(3): 176-189.
Asay, T. P.; Lambert, M. J. (2001): Empirische Argumente für die allen Therapien gemeinsamen Faktoren: Quantitative Ergebnisse. In: Hubble, M. A.; Duncan, B. L.; Miller, S. D. (Hg.) (2001), So wirkt Psychotherapie. Empirische Ergebnisse und praktische Folgerungen. Dortmund.
Bateson, G. (1982). Geist und Natur. Eine notwendige Einheit. Frankfurt a. M.
Becvar, D. S.; Becvar, R. J. (1993): Storytelling and family therapy. American Journal of Family Therapy 21(2): 145-160.
Berg, I. K. (1992): Familien-Zusammenhalt(en). Ein kurz-therapeutisches und lösungs-orientiertes Arbeitsbuch. Dortmund.
Beyebach, M.; Rodríguez Morejón, A. (1998): Lösungsorientierte Therapie in Spanien: Die Erfahrungen der Salamanca-Gruppe. In: Eberling, W.; Vogt-Hillmann, M. (Hg.), Kurzgefaßt. Zum Stand der lösungorientierten Praxis in Europa. Dortmund, S. 252-277.
Bruner, J. S. (1986) Actual Minds, Possible Worlds. Cambridge, MA.
Caspar, F. (1998) Quantitative Psychotherapieprozeßforschung: Rolle, Beispiele und Beurteilung. Psychotherapie Forum 6: 92-101.

Cecchin, G. (1991): Zum gegenwärtigen Stand von Hypothetisieren, Zirkularität und Neutralität: Eine Einladung zur Neugier. Familiendynamik 13(3): 190-203.
Cederborg, A.-C. (1997): Young children's participation in family therapy talk. American Journal of Family Therapy 25(1): 28-38.
deJong, P.; Berg, I. K. (1998): Lösungen (er-)finden. Das Werkstattbuch der lösunsgorientierten Kurztherapie. Dortmund.
Dell, P. F. (1986): Klinische Erkenntnis. Zu den Grundlagen systemischer Therapie. Dortmund.
de Shazer, S. (1984): The Death of Resistance. Family Process 23: 79-83.
de Shazer, S. (1989a): Wege erfolgreicher Kurztherapie. Stuttgart.
de Shazer, S. (1989b): Der Dreh. Überraschende Wendungen und Lösungen in der Kurzzeittherapie. Heidelberg.
de Shazer, S. (1990): Noch einmal: Widerstand. Z. system. Ther. 8(2): 76-80.
de Shazer, S. (1992): Muster familientherapeutischer Kurzzeit-Therapie. Paderborn.
de Shazer, S. (1992): Das Spiel mit Unterschieden. Wie therapeutische Lösungen lösen. Heidelberg.
de Shazer, S. (1996): »... Worte waren ursprünglich Zauber«. Lösungsorientierte Therapie in Theorie und Praxis. Dortmund.
de Shazer, S.; Molnar, A. (1983): Rekursivität: Die Praxis-Theorie Beziehung. Z. system. Ther. 1(3): 2-10.
Duncan, B. L.; Hubble, M. A.; Miller, S. D. (1998): Aussichtslose Fälle. Die wirksame Behandlung von Psychotherapie-Veteranen. Stuttgart.
Eberling, W.; Vogt-Hillmann, M. (Hg.) (1998): Kurzgefaßt. Zum Stand der lösungorientierten Praxis in Europa. Dortmund.
Efran, J. S. (1996): Language and Reality. Generating Change. Workshop in Flensburg.
Efran, J. S. (2002): Therapeutic vision. What four decades have taught us about the elusive partnership called »psychotherapy«. Psychotherapy Networker 26(3): 28-35; 70.
Efran, J. S.; Lukens, M. D.; Lukens, R. J. (1992): Sprache, Struktur und Wandel. Bedeutungsrahmen in der Psychotherapie. Dortmund.
Foerster, H. von (1985): Sicht und Einsicht. Braunschweig-Wiesbaden.
Freeman, J.; Epston, D.; Lobovits, D. (2000): Ernsten Problemen spielerisch begegnen. Narrative Therapie mit Kindern und ihren Familien. Dortmund.
Friedman, S. (Hg.) (1993): The New Language of Change: Constructive Collaboration in Psychotherapy. New York.
Furman, B.; Ahola, T. (1992): Die Zukunft ist das Land, das niemandem gehört. Probleme lösen im Gespräch Stuttgart.
Gergen, K. J. (1990): Die Konstruktion des Selbst im Zeitalter der Postmoderne. Psychol. Rundschau 41: 191-199.

Gergen, K. J. (1991): The Saturated Self: Dilemmas of Identity in Contemporary Life. New York: Basic, dt. Das übersättigte Selbst. Identitätsprobleme im heutigen Leben. Heidelberg, 1996.

Gergen, K. J. (2002): Konstruierte Wirklichkeiten. Eine Hinführung zum sozialen Konstruktionismus. Stuttgart.

Gilligan, S.; Price, R. (Hg.) (1993): Therapeutic Conversations. New York.

Glasersfeld, E. von (1987): Wissen, Sprache und Wirklichkeit. Braunschweig.

Grabbe, M.; Jürgens, G.; von Schlippe, A. (1998): »Als würden wir gemeinsam einen Teppich weben ...« Reflektierendes Team in einer systemtherapeutischen Praxis. In: Hargens, J.; von Schlippe, A. (Hg.), Das Spiel der Ideen. Reflektierendes Team und systemische Praxis. Dortmund.

Grawe, K. (1995): Persönliche Mitteileilung.

Grawe, K.; Braun, U. (1994): Qualitätskontrolle in der Psychotherapiepraxis. Z. Klin. Psychol. 23(4): 242-267.

Haley, J. (1978): Gemeinsamer Nenner Interaktion. Strategien der Psychotherapie. München.

Hansen-Magnusson, E.; Hansen-Magnusson, B.; Hargens, J. (2000): Das kollegiale psychosomatische Konsil. Praxisorientierte Nutzung ressourcenorientierter Konzepte. Familiendynamik 25(3): 343-352.

Hargens, J. (1992): Vorbemerkungen des (Reihen-) Herausgebers. In: Berg, I. K.: Familien-Zusammenhalt(en). Ein kurz-therapeutisches und lösungsorientiertes Arbeitsbuch. Dortmund.

Hargens, J. (1993a): KundIn, KundigE, KundschafterIn. Gedanken zur Grundlegung eines ‚helfenden Zugangs'. Z. system. Ther. 11(1): 14-20.

Hargens, J. (1993b): Haus und Wohnung der KundIn. Spielfeld oder Feindesland? Erste Reflexionen über Hausbesuche. Z. system. Ther. 11(4): 238-244.

Hargens, J. (1994): AutorInnen erfinden multiple Geschichten und nicht nur eine. Systhema 8(3): 41-48.

Hargens, J. (1995): Kurztherapie und Lösungen – Kundigkeit und Respektieren. Familiendynamik 20(1): 32-43.

Hargens, J. (1996): Kundigkeit und Respekt(ieren). Kreatives Fragen in freier Praxis. In: von Schlippe, A.; Kriz, J. (Hg.), Kontexte für Veränderungen schaffen. Systemische Perspektiven in der Praxis). Forschungsbericht aus dem Fachbereich Psychologie der Universität Osnabrück.

Hargens, J. (1997): Respecting Relationships. Journal of Systemic Therapies 16(2): 173-180.

Hargens, J. (o. J.): Arbeitsmaterialien zu Fortbildungskursen Ressourcenorientiertes Arbeiten.

Hargens, J. (1998): Von Lösungen zu Ressourcen oder: Wie lassen sich Haltungen operationalisieren? Und wie noch? Und was geschieht mit Problemen. Z. system. Ther. 16(1): 4-8.

Hargens, J. (1998a): Lösungen im Fokus und Ressourcen im Geist: (Lösungsorientierte Kurz-) Therapie als experimentelles Setting? In: Eberling, W.; Vogt-Hillmann, M. (Hg.), Kurzgefaßt. Zum Stand der lösungorientierten Praxis in Europa. Dortmund, S. 252-277.

Hargens, J. (1999): Be Yourself, Whoever You (Think You) Are. VOICES 35(1): 65-67.

Hargens, J. (2000): Von Lösungen, Möglichkeiten, Ressourcen *und* Problemen. Respektieren und Infragestellen von Unterschieden. In: Hargens, J.; Eberling;W. (Hg.), Einfach kurz und gut – Teil 2. Ressourcen erkennen und nutzen. Dortmund, S. 11-36.

Hargens, J. (2001): Intuition – ja, und ... Spuren einer persönlichen Suche. Systhema 15 (3): 250-255.

Hargens, J. (2002): Die ersten Sekunden nutzen ... und was ich darüber hinaus noch gelernt habe – Kinder und Jugendliche in der Therapie. In: Vogt-Hillmann, M.; Burr, W. (Hg.), Lösungen im Jugendstil. Systemisch-lösungsorientierte Kreative Kinder- und Jugendlichentherapie. Dortmund, S. 151-165.

Hargens, J.; Dieckmann, S. (1994): Von der Theorie zur Praxis und zurück. Sprache, Lösungen und Zeit oder: Wie kann ich das tun, was meine Theorie fordert? Familiendynamik 19(1): 3-14.

Hargens, J.; Eberling, W. (Hg.) (2000): Einfach kurz und gut – Teil 2. Ressourcen erkennen und nutzen. Dortmund.

Hargens, J.; Grau, U. (zusammen mit Leeds, M.) (1994a): Cooperating, reflecting, making open and meta-dialogue: Outline of a systemic approach on constructivist grounds. Australian and New Zealand Journal of Family Therapy 15(2): 81-90.

Hargens, J.; Grau, U. (1994b): Meta-dialogue. Contemporary Family Therapy 16(6): 451-462.

Hargens, J.; Hansen-Magnusson, B.; Hansen-Magnusson, E. (2000): Die Held-In ist ... die Betroffene – wer denn sonst? Skizzen eines interdisziplinären Konsultationsprojekts. In: Hargens, J.; Eberling, W. (Hg.) (2000): Einfach kurz und gut – Teil 2. Ressourcen erkennen und nutzen. Dortmund.

Hargens, J.; Hansen-Magnusson, B.; Hansen-Magnusson, E. (2002a): The Heart and Soul of Change. Ein Modell zur fächerübergreifenden Zusammenarbeit im Gesundheitsbereich, PiD 3(1): 76-81.

Hargens, J.; Hansen-Magnusson, B.; Hansen-Magnusson, E. (2002b): Ein fachübergreifendes Praxismodell oder: Vom Nutzen aller möglichen Ressourcen. Kontext 33(2): 110-121.

Hargens, J.; von Schlippe, A. (Hg.) (1998): Das Spiel der Ideen. Reflektierendes Team und systemische Praxis. Dortmund.

Hoffman, L. (1995): Introduction. In: Reimers, S.; Treacher; A.: Introducing User-Friendly Family Therapy. London.

Hoffman, L. (1996): Therapeutische Konversationen. Von Macht und Einflußnahme zur Zusammenarbeit in der Therapie – Die Entwicklung systemischer Praxis. Dortmund.

Howard, G. S. (1989): A Tale of Two Stories. Excursions into a Narrative Approach to Psychology. Notre Dame, IN.

Hoyt, M. F. (1989): »Patient« or »Client«: What's in a Name? Psychotherapy 16: 46-49. Nachdruck in Hoyt, M. F.: Brief Therapy and Managed Care. San Francisco, S. 205-297, 1995.

Hoyt, M. F. (Hg.) (1994a): Constructive Therapies. New York.

Hoyt, M. F. (1994b): Single-session solutions. In: Hoyt, M: F. (Hg.), Constructive Therapies. New York, S. 140-159; Nachdruck in Hoyt, M. F.: Brief Therapy and Managed Care. San Francisco, S. 141-162, 1995.

Hoyt, M. F. (Hg.) (1996): Constructive Therapies, Bd. 2. New York.

Hubble, M. A.; Duncan, B. L.; Miller, S. D. (Hg.) (2001): So wirkt Psychotherapie. Empirische Ergebnisse und praktische Folgerungen. Dortmund.

Jones, E. (1995): Systemische Familientherapie. Entwicklungen der Mailänder systemischen Therapien – Ein Lehrbuch. Dortmund.

Keeney, B. P. (1984): Notizen aus dem epistemologischen Untergrund. Z. system. Ther. 2(7): 145-146.

Keeney, B. P. (1991): Improvisational Therapy. Ein Leitfaden zur Entwicklung kreativer klinischer Strategien. Paderborn.

Kelly, A. (1998): The Secrets of Good Therapy. The Family Therapy Networker. Mai/Juni, S. 14.

Kriz, J. (1997): Systemtheorie. Eine Einführung für Psychotherapeuten, Psychologen und Mediziner. Wien.

Loth, W. (1997): persönliche Mitteilung.

Loth, W. (1998): Auf den Spuren hilfreicher Veränderungen. Das Entwickeln Klinischer Kontrakte. Dortmund.

Ludwig, P. H. (1991): Sich selbst-erfüllende Prophezeiungen im Alltagsleben. Stuttgart.

Ludewig, K. (1987): 10 + 1 Leitsätze bzw. Leitfragen. Grundzüge einer systemisch begründeten Klinischen Theorie im psychosozialen Bereich. Z. system. Ther. 5(3): 178-191.

Maturana, H. R. (1988): Reality: The search for objectivity or the quest for a compelling argument. Irish Journal of Psychology 9: 46-48.

McKeel, A. J. (1996): A Clinician's Guide to Research on Solution-Focused Brief Therapy. In: Miller, S. D.; Hubble, M. A.; Duncan, B. L. (Hg.), Handbook of Solution-Focused Brief Therapy. San Francisco.

Metcalf, L.; Thomas, F. N.; Duncan, B. L.; Miller, S. D.; Hubble, M. A. (1996): What Works in Solution-Focused Brief Therapy: A Qualitative Analysis of Client and Therapist Perceptions. In: Miller, S. D.; Hubble, M. A.; Duncan, B. L. (Hg.), Handbook of Solution-Focused Brief Therapy. San Francisco.

Miller, S. D.; Hubble, M. A.; Duncan, B. L. (Hg.) (1996): Handbook of Solution-Focused Brief Therapy. San Francisco.
Miller, S. D.; Duncan, B. L.; Hubble, M. A. (Hg.) (2000): Jenseits von Babel. Wege zu einer gemeinsamen Sprache in der Psychotherapie. Stuttgart.
Miller, W. R. (1985): Motivation for treatment: A review with special emphasis on alcoholism. Psychological Bulletin 98(1): 84-107.
Molnar, A.; Lindquist, B. (1990): Verhaltensprobleme in der Schule. Lösungsstrategien für die Praxis. Dortmund.
Nordquist, S.; Arpi, E. (2002): Statt Blumen. Hamburg.
O'Hanlon, W. H. (1993): Possibility therapy: From iatrogenic injury to iatrogenic healing. In: Gilligan, S.; Price, R. (Hg.) (1993): Therapeutic Conversations. New York.
O'Hanlon, W. H.; Beadle, S. (1998): Das wär' was! Ein Wegweiser für das Möglichkeiten-Land: 51 Methoden, kurze und respektvolle Therapie zu praktizieren. Dortmund.
Orlinsky, D. E. (1998):Die vielen Gesichter der Psychotherapieforschung. Psychotherapie Forum 6: 69-79.
Sarbin, T. R. (Hg.) (1986): Narrative Psychology: The Storied Nature of Human Conduct. New York.
Schlippe, A. von; Kriz, J. (Hg.) (1996): Kontexte für Veränderungen schaffen. Systemische Perspektiven in der Praxis). Forschungsbericht aus dem Fachbereich Psychologie der Universität Osnabrück.
Schlippe, A. von; Schweitzer, J. (1996): Lehrbuch der systemischen Therapie und Beratung. Göttingen.
Sedlak, H. (Hg.) (1996): Ich–Du–Wir. Persönlichkeitsentwicklung und Gemeinschaftsförderung. Wien.
Selvini Palazzoli, M.; Boscolo, L.; Cecchin, G.; Prata, G. (1977): Paradoxon und Gegenparadoxon. Stuttgart.
Snyder, C. R.; Michael, S. T.; Cheavens, J. S. (2001): Hoffnung: Grundlage des gemeinsamen Faktors Placebo und Erwartung. In: Hubble, M. A.; Duncan, B. L.; Miller, S. D. (Hg.) (2001): So wirkt Psychotherapie. Empirische Ergebnisse und praktische Folgerungen. Dortmund.
Stierlin, H.; Rücker-Embden, I.; Wetzel, N.; Wirsching, M. (1977): Das erste Familiengespräch. Theorie – Praxis – Beispiele. Stuttgart.
Tallman, K.; Bohart, A. C. (2001): Gemeinsamer Faktor KlientIn: Selbst-HeilerIn, in: Hubble, M. A.; Duncan, B. L.; Miller, S. D. (Hg.), So wirkt Psychotherapie. Empirische Ergebnisse und praktische Folgerungen. Dortmund.
Talmon, M. (1990): Single Session Therapy. Maximizing the Effect of the First (and Often Only) Therapeutic Encounter. San Francisco.
Tomm, K. (1994): Die Fragen des Beobachters. Schritte zu einer Kybernetik zweiter Ordnung in der systemischen Therapie. Heidelberg.
Vogt-Hillmann, M.; Burr, W. (Hg.) (2001): Kinderleichte Lösungen. Lösungsorientierte Kreative Kindertherapie. Dortmund.

Vogt-Hillmann, M.; Burr, W. (Hg.) (2002). Lösungen im Jugendstil. Systemisch-lösungsorientierte Kreative Kinder- und Jugendlichentherapie. Dortmund.

Walter, J.; Peller, J. (1994): Lösungs-orientierte Kurztherapie. Ein Lehr- und Lernbuch. Dortmund.

Walter, J.; Peller, J. (2000): Recreating Brief Therapy. Preferences and Possibilities. New York.

Watzlawick, P. (Hg.) (1981): Die erfundene Wirklichkeit. München.

Watzlawick, P. (1983): Anleitung zum Unglücklichsein. München.

Watzlawick, P.; Beavin, J. H.; Jackson, D. D. (1969): Menschliche Kommunikation. Formen, Störungen, Paradoxien. Bern.

Weiner-Davis, M.; de Shazer, S.; Gingerich, W. J. (1987): Building on pretreatment change to construct the therapeutic solution: An exploratory study. JMFT 13: 359-363.

White, M.; Epston, D. (1990): Die Zähmung der Monster. Heidelberg.